CONTENTS

Introducão

Pseudodemocracia   1

CONCEITO E DEFINIÇÃO   3

CARACTERÍSITICAS DA PSEUDODEMOCRACIA   6

EXEMPLOS DE PAÍSES COM REGIMES PSEUDODEMOCRÁTICOS   14

IMPACTOS DA PSEUDODEMOCRACIA NA SOCIEDADE   17

DESAFIO PARA COMBATER A PSEUDODEMOCRACIA   21

ALTERNATIVAS PARA PROMOVER A VERDADEIRA DEMOCRACIA   26

CONCLUSÃO - DA PRIMEIRA PARTE   31

Estado democrático de Direito e as garantias fundamentais em um País Pseudodemocrático   32

CONCEITO E DEFINIÇÃO   37

OS DESAFIOS DA DEMOCRACIA EM UM PAÍS PSEUDODEMOCRÁTICO   41

GARANTIAS FUNDAMENTAIS PREVISTAS NA CONSTITUIÇÃO FEDERAL   50

AS AMEAÇAS À PROTEÇÃO DAS GARANTIAS FUNDAMENTAIS EM UM PAÍS PSEUDODEMOCRÁTICO   65

PERSPECTIVAS PARA EFETIVAÇÃO DO ESTADO DEMOCRÁTICO DE DIREITO   82

CONCLUSÃO - SEGUNDA PARTE … 95

Corrupção e Lavagem de dinheiro com preceitos sugerido por Platão na República … 100

CONTEXTO ATUAL … 105

IMPACTO NEGATIVO NA SOCIETADE … 108

PRECEITOS SUGERIDOS POR PLATÃO NA REPÚBLICA … 112

SOLUÇÃO PARA COMBATER A CORRUPÇÃO … 121

CONCLUSÃO - TERCEIRA PARTE … 129

A República de Platão e a Democracia … 135

VISÃO GERAL SOBRE A REPÚBLICA DE PLATÃO … 138

OS TRÊS TIPOS DE ALMA E RESPECTIVAS CLASSES NA CIDADE IDEAL … 142

A QUESTÃO DA JUSTIÇA NA REPUBLICA … 145

DEMOCRACIA ORIGEM E FUNCIONAMENTO … 150

CRÍTICAS DE PLATÃO À DEMOCRACIA … 155

PLATÃO VS DEMOCRACIA - QUAL O MELHOR MODELO! … 160

CONCLUSÃO - QUARTA PARTE … 163

Uma Proposta Verdadeiramente Democrática para o Bem-Estar do Povo … 165

O CONCEITO DE DEMOCRACIA VERDADEIRA … 169

PROMOVENDO O BEM-ESTAR DO POVO … 175

TRANSPARÊNCIA E ACCOUNTABILITY … 185

INCLUSÃO E DIVERSIDADE … 193

CONCLUSÃO - QUINTA PARTE … 200

About The Author … 207

Books By This Author … 211

INTRODUCÃO

O debate entre sistemas políticos democráticos e pseudodemocráticos tem permeado as discussões políticas ao longo da história, levantando questões fundamentais sobre representatividade, participação cidadã e o equilíbrio de poder.

Enquanto os sistemas democráticos buscam alicerçar-se na vontade do povo, os sistemas pseudodemocráticos muitas vezes desafiam esses princípios ao restringir a participação popular ou manipular processos eleitorais.

Uma análise aprofundada dessa dicotomia remete-nos aos

escritos de Platão em "A República", onde o filósofo grego esboça uma crítica incisiva à democracia ateniense de sua época, apresentando suas preocupações sobre a instabilidade e os perigos que poderiam advir de um regime excessivamente democrático.

Os sistemas democráticos, na sua essência, buscam criar espaços para a expressão e realização dos desejos e interesses da população por meio de eleições livres e participação ativa.

No entanto, a interpretação e aplicação desses princípios podem variar substancialmente, resultando em formas de governo que, apesar de se autodenominarem democráticas, podem incorrer em práticas que minam a verdadeira representatividade popular.

Este fenômeno caracteriza o que muitos estudiosos denominam como sistemas pseudodemocráticos, nos quais as instituições democráticas são manipuladas ou limitadas para perpetuar o poder de elites ou indivíduos específicos.

A crítica de Platão à democracia na "República" oferece uma perspectiva filosófica que ressoa até os dias de hoje.

Para Platão, a democracia era suscetível à instabilidade e à tirania da maioria, resultando em um ciclo de decadência política que culminaria em regimes autocráticos.

Sua visão desconfiada da democracia advinha da preocupação com a falta de discernimento do povo em relação às escolhas políticas, bem como da possibilidade de demagogos manipularem as paixões populares para atender a seus próprios interesses.

Ao comparar os pensamentos de Platão com a realidade

contemporânea, surge a questão crucial de como equilibrar a participação popular com a necessidade de governança estável e eficaz.

Os sistemas pseudodemocráticos, ao restringirem ou distorcerem os mecanismos democráticos, podem oferecer uma aparente estabilidade, mas frequentemente à custa da legitimidade e da justiça.

Por outro lado, os sistemas democráticos enfrentam desafios na preservação da integridade do processo democrático diante das ameaças à transparência e à equidade.

A discussão entre sistemas políticos democráticos e pseudodemocráticos permanece uma questão central no pensamento político contemporâneo.

A análise das ideias de Platão na "República" serve como um lembrete do eterno dilema entre a participação popular e a necessidade de evitar os excessos que podem resultar em governos disfuncionais.

A busca por um sistema que harmonize a vontade popular com a estabilidade e a justiça continua a desafiar as sociedades modernas, instigando reflexões sobre como aprimorar e fortalecer as instituições democráticas em um mundo em constante transformação.

É o que buscamos abordar de forma comparativa e ao mesmo tempo sintética da Pseudodemocracia junto aos conceitos de Estado democrático de Direito; Corrupção e Lavagem de dinheiro; Direitos Fundamentais; Democracia e a Republica de Platão e por fim apresento: Uma Proposta Verdadeiramente Democrática para o Bem-Estar do Povo.

PSEUDODEMOCRACIA

A pseudodemocracia é um termo utilizado para descrever sistemas políticos que se autodenominam democráticos, mas não atendem completamente aos princípios democráticos.

A pseudodemocracia brasileira, alternativamente muito bem rotulada como democracia líquida, democracia de fachada ou mesmo democracia meramente formalizante — a exemplo de tantas outras latino-americanas —, também se caracteriza (em maior ou menor grau) pelo absoluto descompasso entre o direito formal, descrito, por vezes até de modo extenuante, nas inúmeras leis, consolidações, códigos e na própria Constituição, e o direito substancial (real e verdadeiro), efetivamente aplicado pelo Estado e, igualmente, entre os particulares, em suas relações privadas. [1]

Nesta exploração, vamos examinar as características da pseudodemocracia, exemplos de países com regimes pseudodemocráticos e os impactos dessa forma de governo na sociedade.

Observações:

1 - Os exemplos citados neste ensaio com relação a Pseudodemocracia, estão amplamente divulgado nas redes sociais e em estudos históricos realizados por diversos profissionais de História, Sociologos, Antropologos e outras áreas correlatas.

2 - Alguns Países citados como exemplo, tem o correlação com seus Governantes que possuem um dominio temporário, pois a história do mundo nos mostra que nenhum poder é eterno no mundo.

CONCEITO E DEFINIÇÃO

A expressão "pseudodemocracia" geralmente é usada para descrever situações em que um sistema político é caracterizado por características que se assemelham à democracia, mas que, na prática, podem ser consideradas inadequadas, limitadas ou distorcidas. Aqui estão algumas análises e compreensões comuns associadas ao termo:

Restrições às Liberdades Civis: Em alguns casos, regimes que se autodenominam democráticos podem impor restrições significativas às liberdades civis, como liberdade de expressão, assembleia e associação, minando assim a verdadeira participação democrática.

Falta de Participação Efetiva: Em uma pseudodemocracia, embora existam eleições, a participação efetiva do povo nas decisões políticas pode ser limitada. Pode haver barreiras à entrada para novos partidos ou candidatos, ou o processo eleitoral pode ser manipulado de maneiras que favoreçam determinados interesses.

Corrupção: A corrupção pode minar os princípios democráticos ao influenciar indevidamente o processo político, seja através da compra de votos, suborno ou outras práticas antiéticas.

Controle de Mídia: Em situações de pseudodemocracia, o controle ou a manipulação da mídia podem ser usados para influenciar a opinião pública de maneiras que não são transparentes, limitando assim a formação de uma opinião pública informada.

Fraudes Eleitorais: A manipulação dos resultados eleitorais, seja por meio de fraudes ou de outros métodos questionáveis, pode ser uma característica de pseudodemocracias.

Concentração de Poder: Mesmo que haja eleições, a concentração significativa de poder nas mãos de poucos pode minar os princípios democráticos, já que a tomada de decisões importantes pode ser centralizada e não representativa.

Desigualdade: Uma pseudodemocracia pode não abordar adequadamente as desigualdades socioeconômicas, resultando em sistemas que beneficiam predominantemente certos grupos em detrimento de outros.

Falta de Estado de Direito: A falta de um sistema jurídico robusto que proteja os direitos individuais e assegure a igualdade perante a lei pode minar os fundamentos democráticos.

É importante notar que o uso do termo "pseudodemocracia" pode ser subjetivo e variar de acordo com diferentes perspectivas políticas e culturais. A análise específica dependerá do contexto político, social e histórico de cada situação.

A pseudodemocracia é um sistema político que aparenta ser democrático, mas na prática não garante a participação efetiva do povo nas decisões políticas.

Nesse tipo de regime, as instituições democráticas são

enfraquecidas ou manipuladas para perpetuar o poder de uma elite política ou grupo dominante.

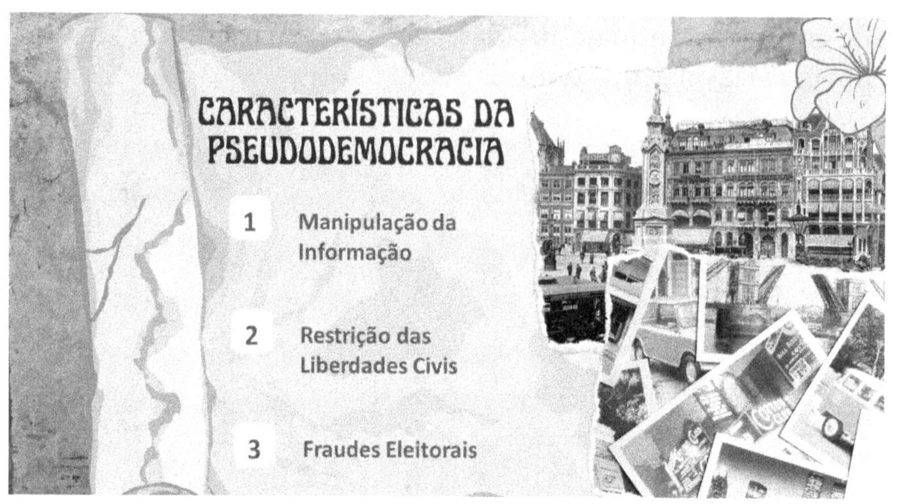

CARACTERÍSITICAS DA PSEUDODEMOCRACIA

Manipulação Da Informação.

Os governantes controlam os meios de comunicação e restringem a divulgação de informações ou promovem a propaganda política para moldar a opinião pública.

A relação entre pseudodemocracia e manipulação da informação é complexa e muitas vezes interconectada.

Aqui estão algumas maneiras pelas quais a manipulação da informação pode ser associada a contextos de pseudodemocracia:

1. **Controle da Mídia:**

Em ambientes de pseudodemocracia, o controle da mídia pode ser exercido para limitar a diversidade de vozes e perspectivas. Os governantes podem influenciar ou controlar diretamente meios de comunicação, limitando assim a pluralidade de informações disponíveis.

2. **Propaganda Política:**

Regimes que se autodenominam democráticos podem usar a propaganda para moldar a percepção pública de maneira favorável ao governo. Isso pode envolver a disseminação de informações enviesadas, falsas ou seletivas para promover uma imagem positiva do regime.

3. **Censura e Restrições à Liberdade de Imprensa:**

Em pseudodemocracias, a censura e restrições à liberdade de imprensa podem ser usadas para controlar a narrativa e impedir a divulgação de informações críticas ao governo ou ao sistema.

4. **Desinformação durante Eleições:**

Durante períodos eleitorais, a desinformação pode ser usada para influenciar o resultado das eleições, difamando adversários políticos, espalhando rumores falsos ou manipulando a percepção pública.

5. **Supressão de Opositores:**

Informações negativas ou difamatórias podem ser usadas

para suprimir opositores políticos, ativistas ou grupos que representam uma ameaça ao regime. Isso pode envolver campanhas de difamação baseadas em desinformação.

6. **Manipulação nas Redes Sociais:**

O uso estratégico das redes sociais para disseminar informações falsas ou distorcidas é uma prática comum em contextos de pseudodemocracia. Isso pode incluir a criação de bots[2] para amplificar certas mensagens ou a disseminação coordenada de narrativas específicas.

7. **Ataques à Credibilidade das Instituições Democráticas:**

A manipulação da informação pode visar minar a confiança nas instituições democráticas, como eleições, judiciário e parlamento. Desacreditar essas instituições pode enfraquecer os fundamentos democráticos.

8. **Controle da Narrativa Histórica:**

Manipular ou reescrever a história é uma forma de influenciar a percepção pública sobre eventos passados, muitas vezes para justificar ações do governo ou para moldar uma narrativa que favoreça o status quo.

É importante observar que essas práticas não são exclusivas de pseudodemocracias e podem ocorrer em diferentes contextos políticos.

No entanto, em pseudodemocracias, essas táticas muitas vezes são acentuadas pela falta de transparência, participação genuína do povo e respeito pelos direitos democráticos fundamentais.

Restrição Das Liberdades Civis.

A liberdade de expressão, imprensa e manifestação é limitada, impedindo críticas e a oposição política.

Em contextos de pseudodemocracia, a restrição das liberdades civis é uma característica que pode comprometer a verdadeira essência da democracia.

Aqui estão algumas maneiras como a pseudodemocracia pode estar associada à restrição das liberdades civis:

1. **Limitações à Liberdade de Expressão:**

Pseudodemocracias muitas vezes impõem restrições à liberdade de expressão, restringindo a capacidade dos cidadãos de expressar livremente suas opiniões, especialmente aquelas críticas ao governo ou ao sistema político.

2. **Restrições à Liberdade de Imprensa:**

O controle ou a pressão sobre os meios de comunicação em pseudodemocracias pode resultar em limitações significativas à liberdade de imprensa. Jornalistas podem enfrentar censura, ameaças ou outras formas de intimidação, impedindo a divulgação livre e imparcial de informações.

3. **Supressão de Protestos e Manifestações:**

Pseudodemocracias podem impor restrições severas à liberdade de assembleia, proibindo ou reprimindo protestos e manifestações. Isso limita a capacidade dos cidadãos de se reunirem pacificamente para expressar suas opiniões e preocupações.

4. **Monitoramento e Vigilância:**

Sistemas de vigilância intrusivos podem ser implementados em pseudodemocracias para monitorar as atividades dos cidadãos. Isso pode inibir a livre associação e a expressão, já que as pessoas podem se sentir vigiadas e receosas de se envolverem em atividades consideradas críticas ao governo.

5. **Restrições ao Direito de Associação:**

Em pseudodemocracias, organizações da sociedade civil e grupos independentes podem enfrentar obstáculos para se organizar e operar. Isso inclui restrições legais, burocráticas ou ações governamentais que dificultam a formação de grupos que possam representar interesses diversos.

6. **Uso Indevido de Leis Antiterrorismo:**

Leis antiterrorismo muitas vezes são usadas de forma abusiva em pseudodemocracias para restringir liberdades civis. Essas leis podem ser amplamente interpretadas e aplicadas para silenciar dissidentes e opositores políticos.

7. **Intimidação e Repressão a Opositores:**

A pseudodemocracia pode se caracterizar por práticas de intimidação, perseguição e repressão contra opositores políticos, ativistas e defensores dos direitos humanos. Isso pode incluir prisões arbitrárias, detenções preventivas e outros abusos dos direitos civis.

8. **Manipulação Legal:**

A legislação pode ser manipulada em pseudodemocracias para criar ambiguidades ou lacunas que permitam ao governo restringir as liberdades civis de maneira aparentemente legal.

Essas restrições às liberdades civis comprometem os princípios democráticos e podem criar um ambiente em que a participação genuína e a expressão livre são limitadas, minando a legitimidade do sistema político.

Fraudes Eleitorais

As eleições são manipuladas por meio de esquemas fraudulentos, como compra de votos, repressão aos opositores e controle dos resultados.

Em contextos de pseudodemocracia, a fraude eleitoral é uma preocupação significativa que pode comprometer a legitimidade do processo democrático.

Aqui estão algumas maneiras pelas quais a pseudodemocracia pode estar associada à fraude eleitoral:

1. **Manipulação dos Resultados:**

Pseudodemocracias podem envolver a manipulação direta dos resultados das eleições. Isso pode incluir adulteração de votos, contagem fraudulenta ou a manipulação de sistemas eletrônicos de votação.

2. **Restrições à Participação:**

Pseudodemocracias podem impor barreiras à participação política, excluindo grupos específicos de eleitores ou impedindo a candidatura de opositores. Isso pode ser feito através de manipulação de registros eleitorais, exclusão arbitrária de candidatos ou eleitores, ou outras táticas que distorcem a representatividade do processo.

3. **Compra de Votos:**

Em um ambiente de pseudodemocracia, a compra de votos pode ser uma prática comum. Isso envolve subornos diretos aos eleitores para influenciar o resultado das eleições.

4. **Coerção e Intimidação:**

A coerção e intimidação de eleitores são estratégias que podem ser empregadas para garantir resultados desejados. Isso pode incluir ameaças físicas, retaliação ou outros meios de pressionar os eleitores a votar de maneira específica.

5. **Falsificação de Documentos:**

Documentos eleitorais, como cédulas, podem ser falsificados para influenciar os resultados. A falsificação pode ocorrer em diferentes estágios do processo eleitoral.

6. **Controle da Comissão Eleitoral:**

Em pseudodemocracias, a independência da comissão eleitoral pode ser comprometida, permitindo interferência governamental na administração das eleições. Isso pode incluir nomeações partidárias ou controle direto pelo governo.

7. **Uso Indevido de Recursos Públicos:**

Recursos públicos, como financiamento de campanhas, podem ser usados de maneira inadequada para favorecer determinados candidatos ou partidos, desequilibrando a competição democrática.

8. **Manipulação da Mídia durante as Eleições:**

A manipulação da mídia pode desempenhar um papel crucial na influência das eleições em pseudodemocracias. Isso pode envolver a cobertura tendenciosa, a exclusão seletiva de candidatos em debates ou a disseminação de desinformação.

A fraude eleitoral em pseudodemocracias mina os princípios fundamentais da democracia, que dependem da representação autêntica da vontade do povo.

Quando os resultados das eleições são manipulados, a confiança no processo democrático é comprometida, e a legitimidade do governo eleito é questionada.

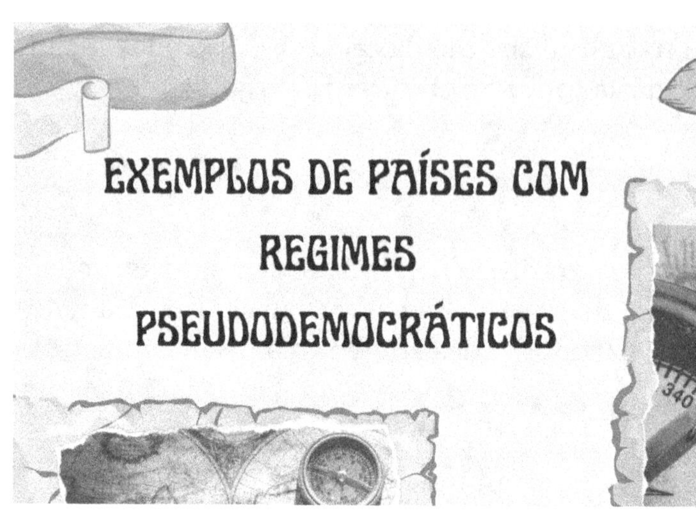

EXEMPLOS DE PAÍSES COM REGIMES PSEUDODEMOCRÁTICOS

A classificação de um país como pseudodemocracia pode ser subjetiva e variar dependendo da perspectiva e dos critérios utilizados.

Rússia - A Rússia é frequentemente citada como um exemplo de pseudodemocracia devido à concentração de poder nas mãos de Vladimir Putin e à supressão da oposição política e da imprensa independente.

Venezuela - A Venezuela sob o regime de Nicolás Maduro é caracterizada por restrições à liberdade de expressão, perseguição política e manipulação eleitoral.

Turquia - O governo turco de Recep Tayyip Erdogan tem sido criticado por restringir a liberdade de imprensa, perseguir opositores políticos e manipular o sistema eleitoral para se manter no poder.

No entanto, alguns países frequentemente mencionados em debates sobre pseudodemocracia incluem:

1. **Rússia:** O sistema político russo é frequentemente criticado por restrições à liberdade de imprensa, eleições contestadas e alegações de manipulação política.

2. **Turquia:** A Turquia enfrentou críticas devido à crescente autoritarismo, com a supressão de opositores políticos, restrições à liberdade de expressão e um aumento do poder presidencial.

3. **Venezuela:** O governo venezuelano sob o comando de Nicolás Maduro enfrentou alegações de fraude eleitoral, repressão à oposição e restrições às liberdades civis.

4. **China:** Embora a China seja uma república socialista de partido único, ela é frequentemente mencionada em discussões sobre pseudodemocracia devido à falta de pluralismo político e restrições à liberdade de expressão.

5. **Cazaquistão:** O Cazaquistão é muitas vezes citado por práticas autoritárias, com eleições que não atendem plenamente aos padrões democráticos, restrições à liberdade de imprensa e domínio prolongado de um único líder.

6. **Bielo-Rússia:** O presidente Alexander Lukashenko governa a Bielo-Rússia desde 1994, e seu regime enfrentou críticas por eleições contestadas, repressão à oposição e violações dos

direitos humanos.

7. **Egito:** Após o golpe de 2013, o Egito enfrentou questões relacionadas à limitação da liberdade política, restrições à liberdade de expressão e repressão a opositores políticos.

É importante observar que a classificação de um país como pseudodemocracia pode ser objeto de debate e que as condições políticas podem mudar ao longo do tempo. Além disso, diferentes analistas podem ter opiniões divergentes sobre se um país é uma democracia genuína, uma pseudodemocracia ou outro tipo de sistema político.

IMPACTOS DA PSEUDODEMOCRACIA NA SOCIEDADE

A pseudodemocracia tem impactos profundos na sociedade.

A falta de participação efetiva do povo nas decisões políticas enfraquece a confiança nas instituições democráticas, alimenta a corrupção e leva à polarização política.

O futuro do país é comprometido, impedindo o desenvolvimento econômico e social e restringindo o progresso em diversos setores.

A pseudodemocracia pode ter vários impactos negativos na sociedade e nas instituições políticas. Alguns dos impactos mais comuns incluem:

1. **Fragilização das Instituições Democráticas:**

A pseudodemocracia muitas vezes mina a confiança nas instituições democráticas, como eleições, parlamento e judiciário, enfraquecendo assim a estrutura essencial da democracia.

2. **Restrição das Liberdades Civis:**

A pseudodemocracia frequentemente resulta em restrições às liberdades civis, como liberdade de expressão, liberdade de imprensa e liberdade de reunião. Isso limita a capacidade dos cidadãos de participarem efetivamente no processo democrático.

3. **Corrupção e Falta de Responsabilidade:**

A falta de transparência em pseudodemocracias pode levar à corrupção generalizada e à falta de responsabilidade por parte dos líderes políticos. Isso prejudica a eficácia das políticas públicas e a distribuição justa de recursos.

4. **Desigualdades Sociais e Econômicas:**

Pseudodemocracias podem falhar em abordar as desigualdades sociais e econômicas de maneira eficaz, resultando em disparidades significativas entre diferentes grupos na sociedade.

5. **Instabilidade Política:**

A falta de legitimidade e representação real pode levar à instabilidade política. Protestos, conflitos e movimentos sociais podem surgir como resposta à inadequada representação democrática.

6. **Perseguição Política:**

A pseudodemocracia frequentemente envolve perseguição política, com a supressão de opositores, ativistas e jornalistas críticos ao governo.

7. **Desconfiança na Política:**

A manipulação eleitoral, a desinformação e outras práticas antidemocráticas podem levar a uma desconfiança generalizada na política e nas instituições governamentais.

8. **Impactos Econômicos Negativos:**

A instabilidade política, a corrupção e a falta de transparência em pseudodemocracias podem ter impactos econômicos negativos, desencorajando investimentos e prejudicando o desenvolvimento econômico sustentável.

9. **Isolamento Internacional:**

Pseudodemocracias podem enfrentar isolamento internacional devido a violações dos direitos humanos, práticas antidemocráticas e falta de respeito pelo Estado de Direito.

10. **Ciclos de Autoritarismo:**

Em alguns casos, a pseudodemocracia pode evoluir para formas mais explícitas de autoritarismo à medida que os líderes consolidam seu poder e restringem ainda mais os direitos e liberdades.

Esses impactos destacam a importância de promover e proteger instituições democráticas sólidas, garantir a participação efetiva dos cidadãos e manter padrões éticos e transparentes no governo para sustentar uma verdadeira democracia.

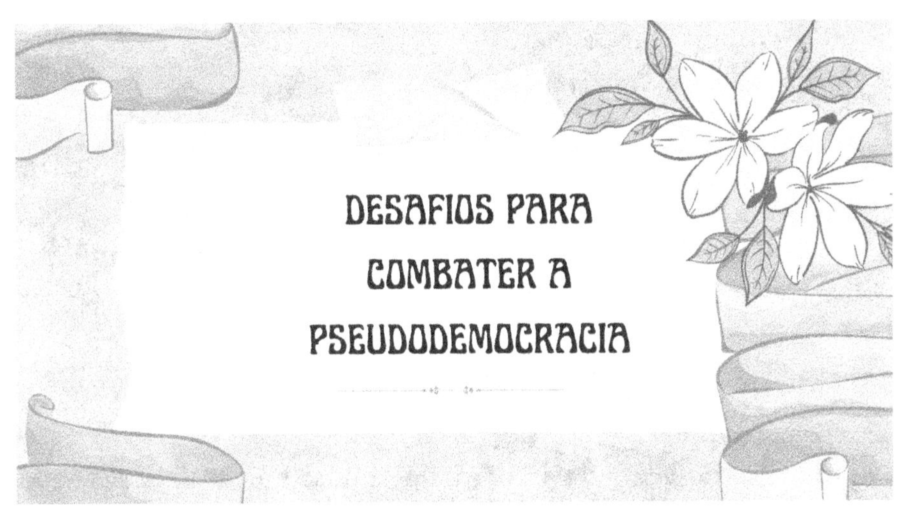

DESAFIO PARA COMBATER A PSEUDODEMOCRACIA

Combater a pseudodemocracia pode ser um desafio complexo, mas existem várias estratégias que podem ser implementadas para promover uma democracia mais autêntica. Aqui estão algumas sugestões:

1. **Fortalecimento das Instituições Democráticas:**

Investir no fortalecimento das instituições democráticas, como o judiciário, parlamento e órgãos eleitorais, é crucial. Isso inclui promover a independência dessas instituições e garantir a sua capacidade de operar livremente.

2. **Promoção da Transparência:**

Aumentar a transparência nos processos políticos e administrativos é essencial. Isso pode ser alcançado por meio de leis de acesso à informação, divulgação de financiamento político e garantias de prestação de contas.

3. **Proteção das Liberdades Civis:**

Garantir a proteção das liberdades civis, como liberdade de expressão, imprensa, reunião e associação, é fundamental. Isso envolve a revisão e aprimoramento das leis que possam restringir indevidamente essas liberdades.

4. **Combate à Corrupção:**

Implementar medidas eficazes de combate à corrupção é crucial para evitar o uso indevido de recursos públicos e fortalecer a confiança na integridade das instituições.

5. **Reformas Eleitorais:**

Introduzir reformas no sistema eleitoral para garantir eleições justas e transparentes. Isso pode incluir a revisão das leis eleitorais, a garantia da representação proporcional e a implementação de mecanismos para prevenir fraudes.

6. **Educação Cívica:**

Investir em programas de educação cívica para informar

os cidadãos sobre seus direitos, responsabilidades e o funcionamento do sistema democrático. Cidadãos informados são mais capacitados para participar ativamente no processo democrático.

7. **Engajamento Cidadão:**

Promover o envolvimento ativo dos cidadãos na política é fundamental. Isso pode ser alcançado por meio de campanhas de conscientização, debates públicos, participação em organizações da sociedade civil e votação informada.

8. **Monitoramento Internacional:**

Organizações internacionais e comunidades globais podem desempenhar um papel importante no monitoramento e na resposta a casos de pseudodemocracia. Isso pode incluir a imposição de sanções a regimes antidemocráticos e a promoção de padrões democráticos globais.

9. **Solidariedade Internacional:**

O apoio de outros países democráticos e organizações pode ser fundamental. Isso pode incluir oferecer apoio a ativistas e grupos pró-democracia, condenar violações dos direitos humanos e defender valores democráticos em fóruns internacionais.

10. **Incentivo ao Diálogo:**

Promover o diálogo político construtivo entre diferentes partes interessadas, incluindo governo, oposição e sociedade civil, pode ser crucial para resolver tensões e encontrar soluções democráticas para desafios políticos.

Lutar contra a pseudodemocracia exige uma abordagem multifacetada, envolvendo ações em níveis local, nacional e internacional. Essas estratégias podem variar de acordo com o contexto específico de cada país, mas o comprometimento com os princípios democráticos fundamentais é fundamental.

Educação

Investir em uma educação de qualidade que promova o pensamento crítico e a conscientização política desde a infância.

Sociedade Civil Fortalecida

Estimular a participação ativa e organizada da sociedade civil na política e na defesa dos princípios democráticos.

Imprensa Livre

Garantir a liberdade de imprensa e o acesso irrestrito à

informação para promover a transparência e a responsabilização dos governantes.

Eleições Livres e Justas

Fortalecer os órgãos eleitorais e implementar mecanismos eficazes de supervisionamento das eleições para prevenir fraudes.

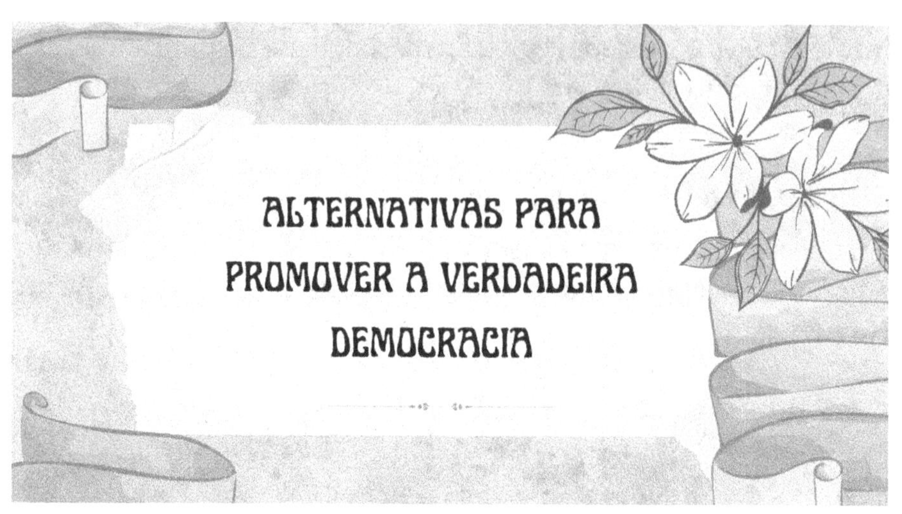

ALTERNATIVAS PARA PROMOVER A VERDADEIRA DEMOCRACIA

Promover a verdadeira democracia envolve a implementação de práticas e políticas que fortaleçam a participação cidadã, a transparência e a representação.

Empoderamento da Sociedade Civil

Investir em programas que promovam a participação e a

organização da sociedade civil, capacitando os cidadãos a exercerem seus direitos políticos.

Transparência e Accountability[3]

Implementar medidas para garantir a transparência no governo, criando órgãos de controle independentes e mecanismos de prestação de contas eficazes.

Educação Democrática

Priorizar a educação cívica nas escolas para formar cidadãos conscientes e engajados na defesa dos valores democráticos.

Aqui estão algumas alternativas para promover a verdadeira democracia:

1. **Educação Cívica:**

Investir em programas de educação cívica para informar os cidadãos sobre os princípios democráticos, os processos políticos e a importância da participação ativa. Isso contribui para uma base informada e engajada.

2. **Participação Cidadã:**

Criar mecanismos eficazes para a participação cidadã, como audiências públicas, consultas populares e fóruns comunitários. Isso permite que os cidadãos expressem suas opiniões e influenciem diretamente as decisões políticas.

3. **Transparência e Prestação de Contas:**

Implementar medidas para garantir a transparência nos processos governamentais e exigir prestação de contas. Isso inclui divulgação pública de informações, auditorias independentes e monitoramento efetivo.

4. **Reformas Eleitorais:**

Avaliar e reformar sistemas eleitorais para garantir eleições justas e representativas. Isso pode envolver a revisão das leis eleitorais, garantindo financiamento transparente das campanhas e a promoção da representação proporcional.

5. **Fortalecimento das Instituições Democráticas:**

Investir na independência e na eficácia das instituições democráticas, incluindo o judiciário, o parlamento e os órgãos eleitorais. Isso ajuda a criar um sistema que funcione de acordo com os princípios democráticos.

6. **Combate à Corrupção:**

Implementar estratégias robustas para combater a corrupção, incluindo a criação de agências anticorrupção independentes, leis anticorrupção eficazes e medidas para proteger denunciantes.

7. **Libertação da Mídia:**

Garantir a liberdade de imprensa e evitar a censura. Promover a diversidade de vozes na mídia para que os cidadãos tenham acesso a informações variadas e imparciais.

8. **Desenvolvimento de Sociedade Civil:**

Fortalecer organizações da sociedade civil e dar espaço para que desempenhem um papel ativo no monitoramento do governo, na advocacia por questões importantes e na promoção dos direitos civis.

9. **Tecnologia para a Democracia:**

Utilizar a tecnologia de maneira inovadora para promover a democracia. Isso pode incluir o uso de plataformas online para participação cidadã, votação eletrônica segura e o combate à desinformação.

10. **Cooperação Internacional:**

Fomentar a cooperação internacional para promover os princípios democráticos. Isso pode incluir a promoção de padrões democráticos em fóruns internacionais, apoio a iniciativas pró-democracia e troca de boas práticas entre países.

Essas alternativas são interconectadas e podem ser adaptadas de acordo com as necessidades específicas de cada país. A construção de uma verdadeira democracia requer uma abordagem holística e contínua, envolvendo múltiplos atores na sociedade.

CONCLUSÃO - DA PRIMEIRA PARTE

A pseudodemocracia representa um desafio para a construção de sociedades verdadeiramente democráticas.

Combatê-la requer ações coordenadas, que envolvam o fortalecimento da sociedade civil, o estabelecimento de instituições democráticas sólidas e a conscientização dos cidadãos sobre seus direitos e deveres.

Somente assim poderemos promover a verdadeira democracia, baseada na igualdade, justiça e participação ativa dos cidadãos na tomada de decisões políticas.

ESTADO DEMOCRÁTICO DE DIREITO E AS GARANTIAS FUNDAMENTAIS EM UM PAÍS PSEUDODEMOCRÁTICO

Neste documento, exploraremos os desafios de garantir um verdadeiro estado democrático de direito e suas consequências em um país que se autodenomina democrático, mas enfrenta diversas ameaças à proteção das garantias fundamentais previstas na Constituição Federal.

O Estado democrático de direito é um princípio fundamental para uma sociedade justa e equitativa.

No entanto, em muitos países, incluindo o chamado país pseudodemocrático, enfrentamos desafios para a efetiva garantia desses direitos.

Este documento analisará em genericamente esses desafios e fornecerá algumas perspectivas sobre como superá-los.

Em um país pseudodemocrático, o conceito de "Estado democrático de Direito" e as garantias fundamentais muitas vezes podem ser comprometidos ou subvertidos. Vamos explorar como isso pode ocorrer:

1. **Estado Democrático De Direito:**

- **Subversão da Separação de Poderes:**

Em um Estado democrático de Direito, há uma separação clara e independência entre os poderes legislativo, executivo e judiciário. Em um contexto pseudodemocrático, essa separação pode ser comprometida, com o executivo exercendo influência desproporcional sobre os outros poderes.

- **Manipulação das Leis:**

O Estado de Direito pressupõe que todos, incluindo o governo, estão sujeitos à lei. Em pseudodemocracias, pode haver manipulação das leis para favorecer certos grupos ou indivíduos, resultando em impunidade para violações dos direitos fundamentais.

- **Restrições Arbitrárias:**

Em um verdadeiro Estado democrático de Direito, as

restrições aos direitos individuais devem ser legais, razoáveis e proporcionais. Em pseudodemocracias, essas restrições podem ser arbitrárias e aplicadas seletivamente para silenciar oposição e críticos.

2. **Garantias Fundamentais:**

- **Restrições à Liberdade de Expressão:**

O direito à liberdade de expressão é fundamental em uma democracia. Em pseudodemocracias, no entanto, pode haver restrições significativas à liberdade de expressão, com censura, intimidação de jornalistas e repressão a dissidentes.

- **Violação da Privacidade:**

Garantias fundamentais relacionadas à privacidade podem ser comprometidas em um ambiente pseudodemocrático, com monitoramento indevido, vigilância em massa e uso inadequado de informações pessoais para reprimir oposição.

- **Restrições à Liberdade de Associação:**

O direito à liberdade de associação, incluindo a formação de organizações da sociedade civil, pode ser prejudicado em um país pseudodemocrático, com restrições à criação e operação de grupos independentes.

- **Intimidação e Perseguição:**

Indivíduos que exercem seus direitos fundamentais, como participação em protestos pacíficos, podem enfrentar intimidação, perseguição e detenção arbitrária em pseudodemocracias.

- **Acesso à Justiça Limitado:**

Em um verdadeiro Estado democrático de Direito, todos têm acesso à justiça. Em pseudodemocracias, entretanto, o acesso pode ser limitado, com um sistema judicial sujeito a interferências políticas.

- **Manipulação de Eleições:**

O direito ao voto é uma garantia fundamental em uma democracia. No entanto, em um contexto pseudodemocrático, as eleições podem ser manipuladas, comprometendo o princípio da representação autêntica.

O desafio em um país pseudodemocrático é trabalhar para fortalecer as instituições democráticas, proteger as garantias fundamentais e promover uma cultura de respeito ao Estado de Direito. Isso muitas vezes envolve esforços tanto internos quanto externos, incluindo a participação ativa da sociedade civil e pressões internacionais por reformas democráticas.

CONCEITO E DEFINIÇÃO

O Estado democrático de direito é um sistema de governo onde a lei é soberana e todas as pessoas são iguais perante ela.

Ele garante a proteção dos direitos e liberdades individuais, bem como a separação dos poderes, que servem como um mecanismo de controle e equilíbrio.

O Estado Democrático de Direito é um conceito que descreve um sistema político no qual o poder é exercido em conformidade com princípios democráticos e com respeito irrestrito aos direitos fundamentais e ao Estado de Direito.

Aqui estão alguns elementos essenciais dessa definição:

1. **Democracia:**

Refere-se a um governo no qual o poder é exercido pelo povo, seja diretamente ou por meio de representantes eleitos. A participação cidadã, a realização de eleições regulares e justas, e a proteção dos direitos políticos são características fundamentais.

2. **Estado de Direito:**

Implica que todas as pessoas, incluindo o governo, estão sujeitas às leis e que essas leis são aplicadas de maneira justa e imparcial. Isso garante a previsibilidade, a estabilidade e a proteção contra o arbítrio do poder.

3. **Respeito aos Direitos Fundamentais:**

Um Estado Democrático de Direito assegura a proteção e o respeito aos direitos fundamentais dos indivíduos, como a liberdade de expressão, a liberdade de associação, o direito à privacidade, entre outros. Esses direitos são considerados inalienáveis e não podem ser violados sem justificativa legal e proporcional.

4. **Separação de Poderes:**

Refere-se à divisão do poder entre os três ramos do governo: legislativo, executivo e judiciário. Essa separação busca evitar a concentração excessiva de poder em uma única instituição, promovendo a fiscalização mútua e o equilíbrio.

5. **Acesso à Justiça:**

Um Estado Democrático de Direito garante que todos tenham acesso igualitário à justiça. Isso implica um sistema judicial independente, imparcial e eficaz, onde os cidadãos podem buscar reparação quando seus direitos são violados.

6. **Pluralismo Político:**

Significa a existência de uma diversidade de partidos políticos e opiniões, permitindo que os cidadãos tenham escolhas reais e representação adequada. O pluralismo político é fundamental para a dinâmica democrática.

7. **Participação Cidadã:**

Envolve a participação ativa dos cidadãos no processo político, incluindo a votação em eleições, a expressão de opiniões, a participação em protestos pacíficos e a contribuição para decisões políticas.

O Estado Democrático de Direito busca equilibrar o exercício do poder governamental com a proteção dos direitos individuais e a promoção do bem comum. É um modelo que enfatiza a governança justa, transparente e responsável, visando garantir a dignidade e a liberdade de todos os membros da sociedade.

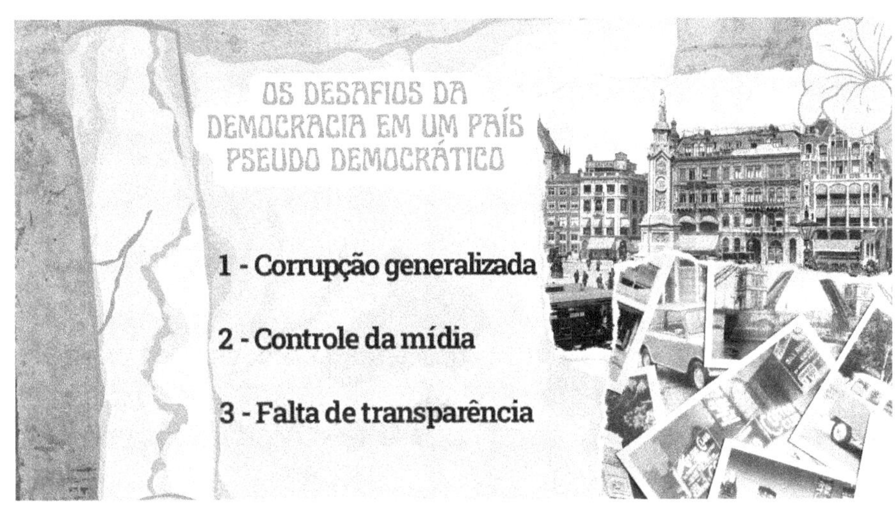

OS DESAFIOS DA DEMOCRACIA EM UM PAÍS PSEUDODEMOCRÁTICO

Corrupção generalizada

A corrupção, que permeia todas as esferas do governo e da sociedade, mina a confiança nas instituições e deteriora a democracia.

A corrupção generalizada refere-se à presença disseminada e sistêmica de práticas corruptas em diferentes setores de uma sociedade ou em todas as esferas do governo. Esse fenômeno pode ter sérias ramificações para o funcionamento eficaz das instituições, o desenvolvimento econômico e a confiança da população no sistema.

Aqui estão algumas características e implicações da corrupção generalizada:

1. **Abuso de Poder:**

A corrupção geralmente envolve o abuso de poder por parte de funcionários públicos ou indivíduos em posições de autoridade para ganho pessoal, subvertendo assim os objetivos e propósitos originais de suas funções.

2. **Distorção de Políticas Públicas:**

A corrupção pode distorcer políticas públicas, favorecendo determinados interesses ou grupos em detrimento do bem comum. Decisões são tomadas com base em benefícios pessoais ou ganhos financeiros, em vez de considerações legítimas.

3. **Erosão da Confiança:**

A corrupção generalizada mina a confiança da população nas instituições governamentais e na eficácia das políticas públicas. Isso pode levar a um ciclo negativo em que a falta de confiança leva a uma maior tolerância à corrupção.

4. **Desigualdade e Injustiça:**

A corrupção muitas vezes contribui para a perpetuação da desigualdade social, uma vez que recursos públicos são desviados em benefício de poucos em detrimento de muitos.

Isso pode resultar em injustiça e falta de acesso equitativo a serviços básicos.

5. **Impactos Econômicos Negativos:**

A corrupção pode ter efeitos adversos na economia, afastando investimentos, distorcendo a concorrência e prejudicando o desenvolvimento sustentável.

6. **Fragilização das Instituições:**

A presença generalizada de corrupção pode enfraquecer as instituições governamentais e sociais, minando a capacidade do Estado de funcionar eficazmente e de atender às necessidades da população.

7. **Impunidade:**

Em sistemas com corrupção generalizada, a impunidade pode ser prevalente, o que significa que aqueles envolvidos em práticas corruptas muitas vezes não enfrentam responsabilização legal.

8. **Descrença no Processo Democrático:**

A corrupção pode levar à descrença no processo democrático, quando os cidadãos percebem que seus votos e participação não têm o impacto desejado devido à influência indevida de interesses corruptos.

Para combater a corrupção generalizada, são necessárias

abordagens abrangentes, incluindo a implementação de medidas anticorrupção, fortalecimento das instituições, promoção da transparência, participação cidadã ativa e a aplicação rigorosa do Estado de Direito. É um desafio complexo, mas é fundamental para a construção de sociedades mais justas e equitativas.

Controle da mídia

Um governo pseudodemocrático muitas vezes tenta controlar a mídia para manipular a opinião pública e reprimir a disseminação de informações críticas.

O controle da mídia refere-se às práticas que limitam, influenciam ou manipulam a liberdade de expressão e a disseminação de informações por parte de meios de comunicação. Esse controle pode ser exercido por governos, empresas ou outras entidades e pode ter implicações significativas para a liberdade de imprensa, a diversidade de vozes e a qualidade da informação disponível para o público.

Aqui estão algumas formas comuns de controle da mídia:

1. **Censura:**

O governo ou outras entidades podem impor censura direta, proibindo a publicação ou a disseminação de certas informações, opiniões ou notícias. Isso limita a liberdade de expressão e restringe o acesso do público a uma gama completa de informações.

2. **Propriedade e Controle Estatal:**

Quando o governo possui ou controla diretamente meios de comunicação, isso pode levar a uma narrativa unidimensional que favorece o governo em detrimento de diferentes perspectivas. Isso é comum em regimes autoritários.

3. **Legislação Restritiva:**

A criação de leis que restringem a liberdade de imprensa, seja por meio de regulamentações rigorosas ou penalidades severas, pode criar um ambiente onde os meios de comunicação se sintam coagidos a autocensurar ou evitar temas sensíveis.

4. **Controle Econômico:**

Empresas ou indivíduos com interesses econômicos significativos podem exercer influência sobre a mídia por meio da propriedade ou do financiamento. Isso pode levar a um viés na cobertura jornalística em favor dos interesses do proprietário.

5. **Assédio e Intimidação:**

O assédio e a intimidação de jornalistas, blogueiros e outros profissionais da mídia são formas eficazes de controlar a narrativa. A ameaça à segurança pessoal pode levar à autocensura e à relutância em abordar tópicos sensíveis.

6. **Restrições à Internet:**

O controle da mídia também pode se manifestar por meio de restrições à internet, como bloqueios de sites, monitoramento de atividades online e limitações ao acesso a informações críticas.

7. **Monopólios de Mídia:**

Quando há um domínio significativo por um pequeno número de empresas de mídia, isso pode resultar em uma falta de diversidade de vozes e perspectivas, o que limita a qualidade da informação disponível.

8. **Manipulação da Informação:**

O uso de desinformação, propaganda e manipulação da informação para moldar a percepção pública é uma forma sutil de controle da mídia. Essas táticas podem minar a confiança na mídia e distorcer a compreensão pública dos eventos.

O controle da mídia pode ter sérias ramificações para a sociedade, limitando a capacidade do público de tomar decisões informadas e de participar efetivamente da vida democrática. A promoção da liberdade de imprensa, transparência e diversidade de vozes é fundamental para combater essas práticas.

Falta de transparência

A falta de transparência nas ações do governo cria um ambiente propício para abusos de poder e impede que os cidadãos tomem decisões informadas.

A falta de transparência refere-se à ausência ou limitação na divulgação de informações relevantes por parte de organizações, instituições governamentais ou indivíduos. Esse problema pode ocorrer em diversos contextos e setores, tendo implicações significativas para a responsabilidade, prestação de contas e confiança pública.

Algumas características e consequências da falta de transparência incluem:

1. **Falta de Acesso à Informação:**

A informação crítica é retida, ocultada ou não disponibilizada para o público, o que pode impedir os cidadãos de tomarem decisões informadas sobre questões de interesse público.

2. **Corrupção e Má Gestão:**

A falta de transparência pode facilitar práticas corruptas, pois a ausência de escrutínio público torna mais difícil detectar e responsabilizar atos ilícitos. Além disso, a má gestão dos recursos públicos pode ocorrer sem o devido escrutínio.

3. **Desconfiança Pública:**

Quando as organizações ou instituições não são transparentes, isso pode resultar em desconfiança do público em relação a essas entidades. A falta de transparência mina a confiança nas instituições governamentais, corporativas e outras.

4. **Decisões Não Representativas:**

Sem transparência, as decisões podem ser tomadas sem a devida consulta ou consideração de todas as partes interessadas, resultando em decisões não representativas ou que atendem apenas a interesses específicos.

5. **Desigualdades Agravadas:**

A falta de transparência pode contribuir para agravar as desigualdades sociais e econômicas, uma vez que informações importantes sobre políticas e decisões podem não ser acessíveis a todos os segmentos da sociedade de maneira igualitária.

6. **Prejuízo à Democracia:**

Em um contexto democrático, a falta de transparência prejudica o princípio fundamental da responsabilidade e pode minar a capacidade dos cidadãos de participarem plenamente do processo democrático.

7. **Impactos Econômicos Negativos:**

No setor corporativo, a falta de transparência pode afetar negativamente os investimentos e a confiança dos acionistas e consumidores. A transparência financeira é particularmente crítica para garantir a integridade dos mercados.

8. **Risco de Má Conduta Corporativa:**

Empresas que não são transparentes em suas práticas, políticas e conformidade podem estar mais propensas a má conduta corporativa, o que pode prejudicar a reputação e o desempenho a longo prazo.

Para combater a falta de transparência, são necessárias medidas que promovam a divulgação adequada de informações, como leis de acesso à informação, auditorias independentes, padrões de divulgação e uma cultura de prestação de contas.

A promoção da transparência é fundamental para a integridade, responsabilidade e confiança em organizações e instituições.

GARANTIAS FUNDAMENTAIS PREVISTAS NA CONSTITUIÇÃO FEDERAL

A Constituição Federal estabelece uma série de garantias fundamentais para proteger os direitos dos cidadãos em um estado democrático de direito.

Essas garantias incluem, entre outras coisas, o direito à vida, à liberdade, à igualdade, à privacidade e à propriedade.

Direito à vida

Garante o direito de todas as pessoas à vida, sem exceção.

O direito à vida é um princípio fundamental e uma garantia básica em muitas constituições e documentos internacionais de direitos humanos. Esse direito reconhece a importância intrínseca da vida humana e estabelece a obrigação de proteger e preservar a vida de cada indivíduo.

Algumas características e implicações do direito à vida incluem:

1. **Inviolabilidade da Vida:**

O direito à vida implica que a vida humana é inviolável e que ninguém deve ser arbitrariamente privado dela. Este princípio serve como base para a proibição da pena de morte, tortura e execuções extrajudiciais.

2. **Proteção contra Ameaças à Vida:**

Governos e instituições têm a responsabilidade de proteger os cidadãos contra ameaças à vida, incluindo crimes violentos, conflitos armados e outras situações que coloquem em risco a vida das pessoas.

3. **Direito à Segurança Pessoal:**

O direito à vida está intrinsecamente ligado ao direito à segurança pessoal. Isso inclui medidas para prevenir homicídios, atos terroristas e outras formas de violência que possam resultar em perda de vidas.

4. **Cuidados Médicos Adequados:**

O acesso a cuidados médicos adequados é uma extensão do direito à vida. Isso envolve garantir que as pessoas tenham acesso a serviços de saúde de qualidade para preservar e prolongar suas vidas.

5. **Proteção de Grupos Vulneráveis:**

O direito à vida se aplica igualmente a todos os indivíduos, sem discriminação. Isso inclui a proteção de grupos vulneráveis, como crianças, idosos, pessoas com deficiência e outras populações que possam estar em maior risco.

6. **Direito à Autodefesa:**

Em alguns sistemas jurídicos, o direito à vida está associado ao direito à autodefesa. Isso implica que, em certas circunstâncias, uma pessoa pode ter o direito de se defender contra uma ameaça iminente à sua vida.

7. **Responsabilidade Estatal:**

Os Estados têm a obrigação de investigar, prevenir e punir violações do direito à vida. Isso inclui a responsabilização por homicídios, execuções extrajudiciais e outras formas de violência estatal ou por atores não estatais.

8. **Direito à Reprodução:**

Em alguns casos, o direito à vida está relacionado ao direito à reprodução, incluindo a proteção da vida do feto durante a gravidez.

O direito à vida é considerado um direito universal e inalienável, sendo a base para muitos outros direitos humanos. É um princípio fundamental que orienta a formulação de leis, políticas e práticas destinadas a proteger a vida humana em todas as suas formas.

Direito à liberdade

Assegura a liberdade individual e a proteção contra detenções arbitrárias.

O direito à liberdade é uma garantia fundamental e um princípio básico em muitos sistemas jurídicos e documentos de direitos humanos. Esse direito reconhece a importância da autonomia e da capacidade de agir sem restrições injustificadas.

Algumas características e implicações do direito à liberdade incluem:

1. **Liberdade Pessoal:**

O direito à liberdade pessoal assegura que ninguém seja arbitrariamente detido ou privado de sua liberdade. Isso inclui o direito à segurança pessoal e a proteção contra detenções ilegais.

2. **Movimento Livre:**

As pessoas têm o direito de se locomover e escolher seu local de residência dentro de um país. Restrições à liberdade de movimento devem ser legais, razoáveis e proporcionais.

3. **Liberdade de Expressão:**

O direito à liberdade de expressão permite que as pessoas expressem suas opiniões, ideias e crenças sem medo de represálias. Isso é crucial para uma sociedade democrática e informada.

4. **Liberdade de Associação:**

O direito à liberdade de associação garante que as pessoas possam se reunir pacificamente, formar organizações e participar de atividades coletivas sem interferência injustificada do Estado.

5. **Liberdade de Religião:**

O direito à liberdade religiosa permite que as pessoas pratiquem, observem e manifestem suas crenças religiosas livremente. Isso inclui o direito de mudar de religião ou crença.

6. **Liberdade de Consciência:**

As pessoas têm o direito de seguir sua própria consciência e convicções éticas. Isso inclui o direito de se recusar a participar de atividades que vão contra suas convicções pessoais.

7. **Privacidade:**

O direito à privacidade está relacionado à liberdade individual de não ser sujeito a interferências arbitrárias em assuntos pessoais e familiares. Isso inclui a proteção contra vigilância injustificada.

8. **Liberdade Econômica:**

O direito à liberdade econômica envolve a liberdade de escolher uma profissão, emprego ou negócio sem discriminação injustificada. Inclui também o direito de buscar meios de subsistência de maneira digna.

9. **Liberdade de Imprensa:**

A liberdade de imprensa é crucial para garantir a livre circulação de informações. Os meios de comunicação têm o direito de reportar notícias e expressar opiniões sem censura indevida.

10. **Direito a um Julgamento Justo:**

O direito à liberdade está ligado ao direito a um julgamento justo. Isso inclui a presunção de inocência até prova em contrário e o direito a um julgamento imparcial.

Esses aspectos do direito à liberdade são inter-relacionados e formam a base para muitos outros direitos e liberdades individuais. A proteção da liberdade é fundamental para o respeito à dignidade humana e para a construção de sociedades justas e democráticas.

Direito à igualdade

O direito à igualdade é uma garantia fundamental que implica que todas as pessoas devem ser tratadas com igualdade perante a lei e ter oportunidades iguais, independentemente de características como raça, gênero, origem étnica, religião, orientação sexual ou outras características pessoais.

Algumas características e implicações do direito à igualdade incluem:

1. **Não Discriminação:**

O direito à igualdade implica na proibição da discriminação em qualquer base, seja ela racial, étnica, de gênero, religiosa, ou outra. Todos devem ter igualdade de direitos e oportunidades, sem discriminação injustificada.

2. **Igualdade Perante a Lei:**

Todas as pessoas têm o direito de serem tratadas de maneira justa e igual perante a lei. Isso inclui igualdade no acesso à justiça e na aplicação da lei.

3. **Igualdade de Oportunidades:**

O direito à igualdade implica na promoção da igualdade de oportunidades em áreas como educação, emprego, promoção, e participação na vida pública. Barreiras que impeçam a igualdade de oportunidades devem ser eliminadas.

4. **Ações Afirmativas:**

Em alguns contextos, medidas especiais podem ser tomadas para promover a igualdade de grupos historicamente desfavorecidos. Essas ações afirmativas buscam corrigir desigualdades persistentes e garantir a representação justa e inclusiva.

5. **Igualdade de Gênero:**

O direito à igualdade de gênero é uma dimensão específica que busca eliminar a discriminação com base no sexo. Isso inclui a promoção da igualdade salarial, a prevenção da violência de gênero e a garantia da igualdade de oportunidades em todos os setores da sociedade.

6. **Acesso Igual a Serviços Públicos:**

Assegurar que todos tenham igualdade de acesso a serviços públicos essenciais, como saúde, educação e moradia, é uma parte integral do direito à igualdade.

7. **Combate ao Racismo e Discriminação Étnica:**

O direito à igualdade inclui o combate ao racismo e à discriminação étnica. Esforços devem ser feitos para eliminar práticas discriminatórias e promover a diversidade e a inclusão.

8. **Respeito à Diversidade:**

O direito à igualdade não significa uniformidade, mas respeito à diversidade. As diferenças culturais, étnicas, religiosas e outras devem ser valorizadas, e os direitos de grupos minoritários devem ser protegidos.

9. **Participação Política Igualitária:**

O direito à igualdade também implica na promoção de uma participação política igualitária, assegurando que todos os cidadãos tenham o direito e a capacidade de participar plenamente do processo democrático.

10. **Educação Inclusiva:**

Garantir que todos tenham acesso a uma educação de qualidade, livre de discriminação, é parte integrante do direito à igualdade.

O direito à igualdade é um princípio central nos direitos humanos e é fundamental para a construção de sociedades justas e inclusivas.

Sua implementação exige esforços contínuos para combater a discriminação e promover a equidade em todas as áreas da vida. protege contra discriminação em todos os aspectos da vida.

Direito à privacidade

Preserva o direito do indivíduo de se proteger contra interferências indevidas na sua vida privada.

O direito à privacidade é uma garantia fundamental que protege a autonomia e a intimidade das pessoas contra interferências indevidas. Esse direito é reconhecido em diversos documentos internacionais de direitos humanos e em muitas constituições nacionais.

Algumas características e implicações do direito à privacidade incluem:

1. **Inviolabilidade Pessoal:**

O direito à privacidade implica que a vida privada das pessoas deve ser respeitada e protegida contra intromissões não autorizadas. Isso abrange áreas como a residência, correspondência, relacionamentos pessoais e outras esferas pessoais.

2. **Proteção de Dados Pessoais:**

Com o avanço da tecnologia, a proteção de dados pessoais tornou-se uma parte crucial do direito à privacidade. As pessoas têm o direito de ter suas informações pessoais tratadas com confidencialidade e segurança.

3. **Comunicações Privadas:**

O direito à privacidade inclui o direito às comunicações privadas, como correspondência e comunicações eletrônicas. A interceptação e monitoramento de comunicações devem ser feitos apenas em circunstâncias específicas e legalmente justificadas.

4. **Segredo Profissional:**

A privacidade também protege o segredo profissional, como conversas com advogados, médicos, psicólogos e outros profissionais que mantêm informações confidenciais em suas interações com clientes.

5. **Reconhecimento Facial e Vigilância:**

Com o avanço da tecnologia de vigilância, o direito à privacidade também se estende a questões como o reconhecimento facial, a vigilância em espaços públicos e o monitoramento por câmeras de segurança.

6. **Direito ao Esquecimento:**

Em algumas jurisdições, o direito à privacidade pode envolver o "direito ao esquecimento", que permite que as pessoas solicitem a remoção de informações pessoais online que não são mais relevantes ou são inadequadas.

7. **Intimidade Familiar:**

O direito à privacidade protege a intimidade familiar, garantindo que o governo ou terceiros não interfiram indevidamente nas relações familiares ou no ambiente doméstico.

8. **Direito à Anonimidade:**

Em certos contextos, as pessoas têm o direito à anonimidade, preservando sua identidade e protegendo-as contra a divulgação não autorizada de informações pessoais.

9. **Dignidade Pessoal:**

O direito à privacidade está relacionado à dignidade pessoal, permitindo que as pessoas tenham controle sobre aspectos fundamentais de suas vidas sem interferência indevida.

10. **Limites à Vigilância Governamental:**

O direito à privacidade implica que a vigilância governamental deve ser limitada, justificada e sujeita a escrutínio legal. A criação de mecanismos de supervisão é fundamental para proteger contra abusos.

O direito à privacidade é essencial para o exercício de outros direitos e liberdades individuais, contribuindo para a proteção da autonomia e da dignidade humana.

A legislação e as políticas que protegem a privacidade têm evoluído para enfrentar os desafios trazidos pelas tecnologias modernas e pela coleta de dados em larga escala.

Direito à propriedade

Garante o direito de possuir e desfrutar de propriedade legalmente adquirida.

O direito à propriedade é uma garantia fundamental que reconhece o direito de indivíduos possuírem, usar, usufruir e dispor de bens e recursos de maneira exclusiva, sujeita às leis e regulamentos. Esse direito é comumente reconhecido em muitas constituições e tratados de direitos humanos.

Algumas características e implicações do direito à propriedade incluem:

1. **Posse e Controle:**

O direito à propriedade confere aos indivíduos o direito de possuir e controlar bens tangíveis, como terra, moradia, objetos pessoais, e bens intangíveis, como propriedade intelectual.

2. **Exclusividade:**

A exclusividade é uma característica essencial do direito à propriedade, garantindo que o proprietário tenha controle exclusivo sobre o uso e a disposição de seus bens.

3. **Proteção Legal:**

A propriedade é protegida por leis e regulamentos que garantem a segurança e a estabilidade dos direitos dos proprietários. Isso inclui proteção contra a apropriação indevida, invasões e danos.

4. **Herança e Transmissão:**

O direito à propriedade frequentemente inclui o direito de transmitir propriedades a herdeiros por meio de herança ou outros meios legais.

5. **Desenvolvimento Econômico:**

O reconhecimento e a proteção do direito à propriedade são frequentemente associados ao desenvolvimento econômico, incentivando investimentos, inovação e empreendedorismo.

6. **Propriedade Intelectual:**

Além de bens tangíveis, o direito à propriedade se estende à propriedade intelectual, incluindo patentes, direitos autorais e marcas registradas.

7. **Limitações para o Interesse Público:**

Embora o direito à propriedade seja fundamental, ele pode ser sujeito a restrições e limitações para atender ao interesse público, como regulamentações ambientais, zoneamento urbano e outras considerações.

8. **Proteção contra Expropriação Arbitrária:**

O direito à propriedade protege contra a expropriação arbitrária, garantindo que, quando ocorrerem desapropriações por motivos de utilidade pública, sejam realizadas de maneira justa e com devida compensação.

9. **Desafios à Propriedade Coletiva:**

Em algumas sociedades, especialmente entre comunidades indígenas, o direito à propriedade pode incluir a proteção da propriedade coletiva, considerando práticas culturais e modos de vida tradicionais.

10. **Responsabilidade Social e Ambiental:**

O direito à propriedade também pode estar sujeito a considerações sociais e ambientais, promovendo práticas responsáveis e sustentáveis, especialmente quando envolve recursos naturais.

O direito à propriedade é considerado fundamental para o desenvolvimento de sociedades justas e prósperas. No entanto, seu exercício deve ser equilibrado com outros direitos e considerações sociais para garantir um sistema justo e inclusivo.

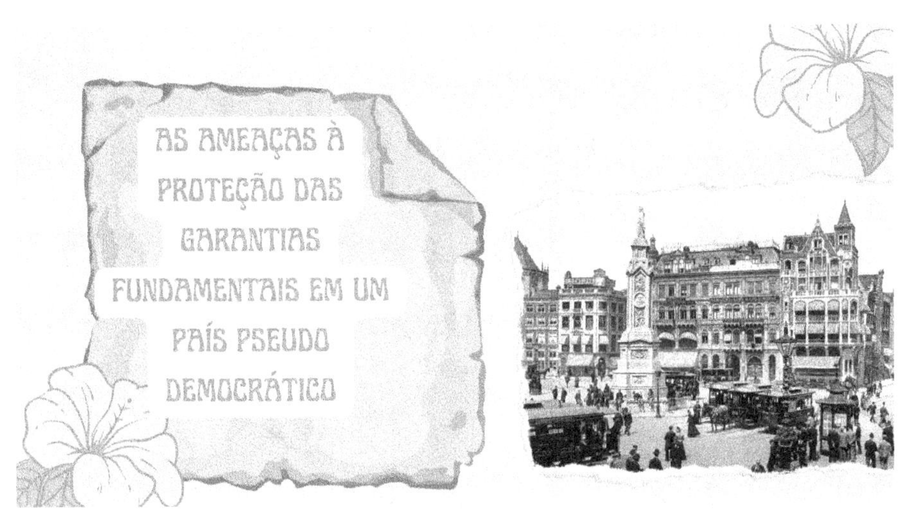

AS AMEAÇAS À PROTEÇÃO DAS GARANTIAS FUNDAMENTAIS EM UM PAÍS PSEUDODEMOCRÁTICO

Restrições à liberdade de expressão

Embora a liberdade de expressão seja um direito fundamental em muitas democracias e reconhecida em documentos internacionais de direitos humanos, existem circunstâncias em que essa liberdade pode ser restrita devido a considerações legítimas.

Essas restrições podem variar entre diferentes países, mas algumas delas comumente reconhecidas incluem:

1. **Incitação à Violência:**

Restrições podem ser impostas à expressão que incita diretamente à violência ou apresenta uma ameaça iminente e real à segurança pública.

2. **Discurso de Ódio:**

Muitas jurisdições impõem restrições ao discurso que promove ódio ou discriminação com base em características como raça, religião, etnia, gênero ou orientação sexual.

3. **Difamação:**

O direito à liberdade de expressão não protege declarações falsas e difamatórias que prejudiquem a reputação de uma pessoa. Restrições podem ser aplicadas para proteger a reputação individual.

4. **Segurança Nacional:**

Restrições podem ser impostas em nome da segurança nacional para prevenir a divulgação de informações sensíveis que possam prejudicar a defesa do país.

5. **Segredos de Estado:**

Certas informações governamentais, como segredos de Estado, podem ser protegidas contra divulgação para proteger interesses nacionais essenciais.

6. **Pornografia Infantil:**

A criação, distribuição e posse de material relacionado à pornografia infantil são geralmente proibidas e sujeitas a restrições legais.

7. **Injúria e Calúnia:**

Declarações que constituem injúria grave ou calúnia podem estar sujeitas a restrições legais, especialmente se causarem danos significativos à reputação de uma pessoa.

8. **Blasfêmia:**

Em alguns países, as restrições à liberdade de expressão podem incluir a proibição de blasfêmia, ofensas a crenças religiosas ou sagradas.

9. **Restrições Técnicas e de Mídia:**

Em certas circunstâncias, as restrições à liberdade de expressão podem incluir regulamentações técnicas ou de mídia para garantir padrões adequados, como em casos de discurso de incitação à violência em emissoras de rádio ou televisão.

10. **Proteção da Ordem Pública:**

Restrições podem ser impostas para proteger a ordem pública, especialmente em situações de emergência, como protestos violentos ou agitações sociais.

É importante notar que, mesmo quando são impostas restrições à liberdade de expressão, essas restrições devem ser proporcionais e necessárias em uma sociedade democrática.

A avaliação da legitimidade das restrições muitas vezes envolve um equilíbrio entre a proteção de direitos individuais e a consideração de interesses coletivos, como a segurança e a coesão social.

A supressão da liberdade de expressão torna difícil para os cidadãos criticarem o governo e exporem eventuais abusos.

Em situações de pseudodemocracia, onde há aparências formais de um sistema democrático, mas a prática real pode ser caracterizada por restrições significativas à liberdade de expressão, várias estratégias podem ser usadas para controlar a narrativa e limitar a expressão livre.

Alguns exemplos dessas restrições incluem:

1. **Censura de Mídia:**

A imposição de censura direta ou indireta sobre meios de comunicação pode restringir a divulgação de informações que possam ser críticas ao governo ou à narrativa oficial. Isso pode incluir a proibição de certos temas, reportagens ou opiniões.

2. **Controle Estatal da Mídia:**

Quando o governo controla diretamente meios de comunicação, pode influenciar a cobertura noticiosa para favorecer a perspectiva oficial, limitando a diversidade de opiniões e informações disponíveis para o público.

3. **Perseguição a Jornalistas:**

A perseguição a jornalistas críticos ao governo pode criar um ambiente de medo e autocensura. Isso pode envolver ameaças, prisões arbitrárias, processos judiciais e outras formas de intimidação.

4. **Legislação Restritiva:**

A introdução de leis que restringem a liberdade de expressão, seja de forma direta ou por meio de regulamentações vagas, pode ser uma estratégia para limitar o discurso crítico.

5. **Monitoramento Digital e Vigilância:**

O monitoramento digital e a vigilância constante podem inibir a expressão livre online. Governos podem monitorar atividades online, incluindo redes sociais, para identificar e punir dissidentes.

6. **Restrições a Organizações da Sociedade Civil:**

Restringir o funcionamento de organizações da sociedade civil que defendem a liberdade de expressão e os direitos humanos pode limitar a capacidade de grupos independentes de se manifestarem.

7. **Interrupção de Serviços de Comunicação:**

Em situações críticas, o governo pode interromper serviços de comunicação, como a internet ou redes sociais, para evitar a disseminação de informações críticas ou organizações de protestos.

8. **Manipulação de Informações:**

A disseminação de desinformação, propaganda e manipulação de informações pode ser utilizada para moldar a percepção pública e minar a confiança na informação disponível.

9. **Controle sobre Instituições Educacionais:**

O controle sobre instituições educacionais e o currículo pode ser usado para moldar as perspectivas e limitar a expressão de pontos de vista críticos.

10. **Repressão a Manifestações e Protestos:**

Restringir o direito de se manifestar publicamente e protestar contra o governo pode ser uma forma de limitar a expressão popular e a dissidência.

É importante destacar que essas práticas não são exclusivas de pseudodemocracias, e podem ser observadas em diversos contextos autoritários.

A defesa e promoção da liberdade de expressão são fundamentais para o funcionamento genuíno de uma democracia.

Violência institucionalizada

A violência institucionalizada, como a repressão policial, afeta a integridade física e a segurança dos cidadãos.

A violência institucionalizada refere-se à prática sistemática e estrutural de violência por parte de instituições governamentais ou outras organizações. Essa forma de violência muitas vezes está arraigada nas estruturas e políticas institucionais, resultando em impactos prejudiciais para grupos específicos da sociedade.

Alguns exemplos de violência institucionalizada incluem:

1. **Brutalidade Policial:**

A aplicação excessiva e injustificada da força por parte da polícia, resultando em ferimentos, mortes ou outros abusos contra cidadãos, pode ser considerada violência institucionalizada.

2. **Discriminação Racial e Étnica:**

Quando instituições discriminam sistematicamente com base em raça, etnia ou origem nacional, perpetuando desigualdades e injustiças, isso pode ser visto como uma forma de violência institucionalizada.

3. **Prisões Arbitrárias e Detenção Ilegal:**

A detenção arbitrária de pessoas sem base legal sólida, ou a prisão prolongada sem julgamento justo, pode ser uma manifestação de violência institucionalizada.

4. **Tortura e Maus-Tratos em Prisões:**

A prática de tortura ou maus-tratos em contextos de detenção, como prisões, centros de detenção ou instalações de custódia, é uma forma grave de violência institucionalizada.

5. **Violência de Gênero Institucionalizada:**

Quando as instituições falham em prevenir e combater a violência de gênero, ou quando perpetuam estereótipos prejudiciais, isso pode ser considerado uma forma de violência institucionalizada.

6. **Supressão de Liberdades Civis:**

Restrições excessivas à liberdade de expressão, liberdade de reunião e outros direitos civis fundamentais podem constituir uma forma de violência institucionalizada.

7. **Violência contra Grupos Vulneráveis:**

Quando instituições perpetuam a violência contra grupos vulneráveis, como pessoas LGBTQ+, refugiados, pessoas com deficiência, entre outros, isso pode ser uma manifestação de violência institucionalizada.

8. **Corrupção e Impunidade:**

A corrupção institucionalizada, combinada com a impunidade, pode resultar em sistemas nos quais agentes públicos agem fora dos limites legais, causando danos à população e minando a confiança nas instituições.

9. **Repressão Política:**

A perseguição sistemática de opositores políticos, ativistas e defensores dos direitos humanos por parte de instituições governamentais constitui uma forma de violência institucionalizada.

10. **Desigualdade Estrutural:**

Quando as instituições perpetuam estruturas sociais e econômicas que favorecem alguns grupos enquanto oprimem outros, isso pode ser considerado uma forma de violência institucionalizada.

A luta contra a violência institucionalizada muitas vezes envolve reformas institucionais, a promoção de políticas justas, o fortalecimento do Estado de Direito, e a responsabilização por abusos.

Movimentos sociais, organizações de direitos humanos e a conscientização pública desempenham papéis essenciais na mudança dessas práticas prejudiciais.

Em contextos de pseudodemocracia, onde há uma aparência de respeito aos princípios democráticos, mas a prática real é caracterizada por manipulação, restrições significativas e corrupção, a violência institucionalizada pode ser uma realidade.

Algumas formas de violência institucionalizada em pseudodemocracias podem incluir:

1. **Repressão Política:**

O uso sistemático de força, prisões arbitrárias e intimidação contra opositores políticos, ativistas e críticos pode ser uma forma de violência institucionalizada para manter o controle político.

2. **Manipulação de Eleições:**

A manipulação do processo eleitoral, incluindo fraude, supressão de votos e restrições indevidas à participação política, pode ser uma manifestação de violência institucionalizada contra a vontade popular.

3. **Censura e Controle da Mídia:**

Restrições à liberdade de imprensa, censura de informações e o controle da mídia são formas de violência institucionalizada que buscam moldar a narrativa de acordo com os interesses do regime.

4. **Corrupção Generalizada:**

Quando a corrupção permeia as instituições do governo, isso pode levar à exploração de recursos, favorecimento indevido e distribuição desigual de benefícios, contribuindo para um ambiente de violência sistêmica.

5. **Violência Policial Arbitrária:**

O uso indiscriminado de força pela polícia, sem devida prestação de contas, pode ser uma expressão de violência institucionalizada, especialmente quando direcionada a comunidades específicas.

6. **Prisões Políticas:**

A detenção de opositores políticos, ativistas e dissidentes sem justificativa legal válida pode ser uma forma de violência institucionalizada para suprimir vozes críticas.

7. **Impunidade:**

Quando agentes do Estado são isentos de responsabilização por violações dos direitos humanos, isso cria um ambiente de impunidade, o que pode ser considerado uma forma de violência institucionalizada.

8. **Restrição a Direitos Civis e Liberdades:**

A imposição de leis que restringem direitos civis, como liberdade de expressão, associação e reunião, pode contribuir para uma forma de violência institucionalizada contra a participação cívica.

9. **Violência Eleitoral:**

O uso de violência física ou intimidação durante

períodos eleitorais para influenciar os resultados ou restringir a participação pode ser uma forma de violência institucionalizada.

10. **Controle da Justiça:**

Quando o sistema judicial é politizado, manipulado ou controlado para servir aos interesses do governo em detrimento da justiça, isso pode ser uma forma de violência institucionalizada.

Combater a violência institucionalizada em pseudodemocracias muitas vezes exige esforços significativos para fortalecer as instituições democráticas, promover a transparência, responsabilizar aqueles que cometem abusos e criar mecanismos eficazes de prestação de contas.

Movimentos sociais, organizações de direitos humanos e o engajamento cívico desempenham papéis cruciais nesse processo.

Manipulação eleitoral

A manipulação eleitoral refere-se a práticas fraudulentas, antiéticas ou ilegais que buscam influenciar o processo eleitoral para obter resultados favoráveis a determinados candidatos, partidos ou interesses.

Essas práticas podem ocorrer em diferentes fases do processo eleitoral e podem incluir:

1. **Fraude Eleitoral:**

Inclui atividades como votação múltipla, compra de votos,

falsificação de cédulas e outras práticas fraudulentas destinadas a inflar artificialmente os resultados.

2. **Supressão de Votos:**

Ações destinadas a restringir a participação de certos grupos de eleitores, como por meio de obstáculos burocráticos, leis eleitorais discriminatórias ou a exclusão indevida de eleitores dos registros eleitorais.

3. **Distribuição Desigual de Recursos:**

Alocação desigual de recursos públicos para favorecer determinados candidatos ou partidos, incluindo o uso indevido de recursos governamentais para fins eleitorais.

4. **Propaganda Enganosa:**

Disseminação deliberada de informações falsas, calúnias ou propaganda enganosa destinada a prejudicar a reputação de candidatos adversários ou influenciar negativamente a opinião pública.

5. **Manipulação da Mídia:**

Controle ou influência indevida sobre os veículos de comunicação, incluindo censura, limitação do acesso à mídia para candidatos opositores e promoção excessiva de candidatos favorecidos.

6. **Financiamento Ilegal de Campanhas:**

Recebimento de fundos ilegais, como doações não declaradas,

lavagem de dinheiro ou contribuições provenientes de fontes proibidas.

7. **Gerrymandering:**

Manipulação dos distritos eleitorais para favorecer um determinado partido político, muitas vezes reconfigurando os limites dos distritos de maneira estratégica.

8. **Uso Indevido de Recursos Públicos:**

Uso inapropriado de recursos públicos para fins de campanha, o que pode incluir o uso da máquina administrativa para benefício político.

9. **Intimidação Eleitoral:**

Ameaças físicas, coerção ou intimidação de eleitores para influenciar seu voto ou desencorajar a participação nas eleições.

10. **Manipulação de Resultados:**

Alteração dos resultados eleitorais por meio de métodos técnicos, como hacking de sistemas eletrônicos de votação ou manipulação dos resultados durante a contagem.

A manipulação eleitoral mina a integridade do processo democrático, compromete a representatividade e a confiança pública nas instituições.

Combater a manipulação eleitoral requer o fortalecimento das instituições democráticas, o estabelecimento de regras eleitorais transparentes, a fiscalização efetiva e a promoção da participação cívica.

Esforços internacionais e nacionais também são frequentemente necessários para garantir eleições justas e livres.

O governo pseudodemocrático muitas vezes utiliza práticas de manipulação eleitoral para perpetuar-se no poder, minando a vontade popular.

Em um contexto de pseudodemocracia, onde há uma aparência de processo democrático, mas na prática ocorrem manipulações para manter o poder ou controlar os resultados das eleições, várias formas de manipulação eleitoral podem estar presentes.

Algumas estratégias comuns em pseudodemocracias incluem:

1. **Fraude Eleitoral:**

Manipulação direta dos resultados por meio de votação múltipla, contagem de votos falsos, ou outras práticas fraudulentas destinadas a alterar o resultado real das eleições.

2. **Restrições à Participação:**

Imposição de obstáculos burocráticos, restrições de registro eleitoral ou outras práticas que visam limitar a participação de determinados grupos de eleitores que podem ser menos favoráveis ao governo incumbente.

3. **Controle da Mídia:**

Influência sobre a mídia para garantir uma cobertura favorável ao partido no poder, enquanto limita ou censura informações críticas ou divergentes.

4. **Perseguição Política:**

Intimidação, prisão ou perseguição de opositores políticos, jornalistas independentes e defensores dos direitos humanos, criando um ambiente de medo que pode impactar o processo eleitoral.

5. **Gerrymandering:**

Manipulação dos limites dos distritos eleitorais para favorecer determinado partido político, garantindo uma distribuição desigual de representação.

6. **Compra de Votos:**

Oferecimento de incentivos materiais, como dinheiro, comida ou favores, em troca de votos para candidatos específicos.

7. **Propaganda Enganosa:**

Disseminação de informações falsas, propaganda enganosa ou calúnias para influenciar a opinião pública de maneira prejudicial aos concorrentes.

8. **Controle das Instituições Eleitorais:**

Nomeação de autoridades eleitorais leais ao governo, que podem favorecer o partido no poder na condução do processo eleitoral.

9. **Manipulação de Regras Eleitorais:**

Alterações nas regras eleitorais, incluindo a modificação de leis para beneficiar o partido incumbente ou a repressão de partidos de oposição.

10. **Uso Indevido de Recursos Públicos:**

Utilização de recursos governamentais para financiar campanhas eleitorais, dando ao partido no poder uma vantagem financeira injusta.

A manipulação eleitoral em pseudodemocracias é frequentemente caracterizada por práticas que distorcem a vontade popular, minando a legitimidade do processo democrático. Combater essas práticas requer esforços para fortalecer as instituições democráticas, garantir a independência dos órgãos eleitorais, promover a transparência e responsabilizar aqueles que violam as normas democráticas. A vigilância internacional e a pressão da comunidade internacional também podem desempenhar um papel crucial na promoção da justiça eleitoral.

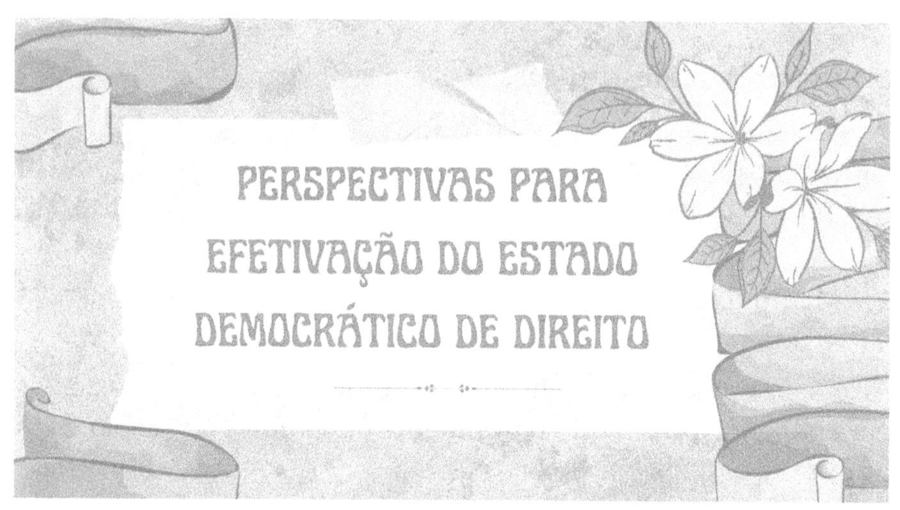

PERSPECTIVAS PARA EFETIVAÇÃO DO ESTADO DEMOCRÁTICO DE DIREITO

O Estado Democrático de Direito é uma forma de organização política que combina princípios democráticos com o respeito às leis e aos direitos fundamentais.

Fotalecimento do sistema judiciário

É essencial fortalecer o sistema judiciário para garantir a impunidade e garantir uma aplicação justa da lei.

O fortalecimento do sistema judiciário é uma parte crucial na consolidação e manutenção de um Estado Democrático de

Direito.

Algumas medidas que contribuem para esse fortalecimento incluem:

1. **Independência Judicial:**

Garantir a independência do poder judiciário é fundamental. Isso envolve proteger juízes contra influências externas, políticas ou econômicas, permitindo que tomem decisões com base na lei e nos princípios jurídicos.

2. **Segurança e Estabilidade para Juízes:**

Proporcionar um ambiente seguro e estável para juízes, protegendo-os contra ameaças físicas, políticas ou profissionais, contribui para a independência judicial.

3. **Acesso à Formação Contínua:**

Oferecer oportunidades regulares de formação e atualização para juízes e outros profissionais do sistema judiciário é crucial para manter a qualidade e a competência técnica.

4. **Transparência e Responsabilidade:**

Promover a transparência nas atividades judiciais e estabelecer mecanismos de responsabilidade ajudam a manter a confiança pública no sistema judiciário.

5. **Desburocratização e Eficiência:**

Simplificar procedimentos judiciais, reduzir a burocracia e melhorar a eficiência do sistema contribuem para a administração da justiça de maneira rápida e justa.

6. **Acesso Universal à Justiça:**

Garantir que todos os cidadãos tenham acesso efetivo à justiça, independentemente de sua condição social ou econômica, é essencial para um sistema judicial inclusivo.

7. **Tecnologia e Inovação:**

Incorporar tecnologias modernas para otimizar processos judiciais, como a digitalização de documentos e a criação de sistemas eletrônicos, pode melhorar a eficiência e a acessibilidade.

8. **Promoção de Mediadores e Conciliadores:**

Estimular métodos alternativos de resolução de disputas, como mediação e conciliação, pode descongestionar o sistema judicial e proporcionar soluções mais rápidas e consensuais.

9. **Garantia dos Direitos Humanos:**

O sistema judiciário deve ser um guardião dos direitos humanos, protegendo os cidadãos contra violações, seja por parte do Estado ou de outros indivíduos.

10. **Combate à Corrupção:**

Implementar medidas rigorosas para prevenir e punir a corrupção dentro do sistema judiciário é essencial para preservar a integridade e a confiança na justiça.

11. **Aprimoramento da Infraestrutura Judicial:**

Investir na infraestrutura física e tecnológica dos tribunais e garantir uma distribuição adequada dos recursos contribui para um sistema judiciário mais eficaz.

12. **Participação Cidadã na Justiça:**

Incentivar a participação cidadã no processo judicial, seja por meio de júris populares ou outras formas de envolvimento, promove a inclusão e a legitimidade do sistema judiciário.

O fortalecimento do sistema judiciário não apenas contribui para a efetivação do Estado Democrático de Direito, mas também desempenha um papel crucial na promoção da justiça, na proteção dos direitos fundamentais e na manutenção da ordem democrática.

Maior transparência do governo

Um governo verdadeiramente democrático deve ser transparente em sua A promoção da transparência no governo é uma peça fundamental para fortalecer o Estado Democrático de Direito.

Algumas medidas que contribuem para uma maior transparência incluem:

1. **Leis de Acesso à Informação:**

Implementar legislação que garanta aos cidadãos o direito de acessar informações públicas. Essas leis proporcionam maior transparência nas atividades governamentais.

2. **Portais de Transparência:**

Desenvolver e manter portais de transparência que forneçam informações detalhadas sobre orçamento, gastos públicos, contratos, licitações e outras atividades governamentais. Esses portais devem ser de fácil acesso e compreensão.

3. **Divulgação de Dados Abertos:**

Disponibilizar dados governamentais em formatos abertos e acessíveis, permitindo que cidadãos e organizações utilizem essas informações para análises e monitoramento.

4. **Auditorias Independentes:**

Realizar auditorias independentes regulares nas finanças e atividades do governo para garantir a prestação de contas e identificar possíveis irregularidades.

5. **Participação Pública:**

Incentivar a participação ativa dos cidadãos na tomada de decisões governamentais, seja por meio de consultas públicas, audiências ou outros mecanismos de participação.

6. **Proteção a Denunciantes:**

Implementar legislação que proteja denunciantes (whistleblowers) que expõem atividades ilegais ou antiéticas no governo, encorajando uma cultura de responsabilidade.

7. **Transmissões Ao Vivo:**

Realizar transmissões ao vivo de reuniões governamentais, sessões legislativas e eventos importantes, permitindo que os cidadãos observem as atividades em tempo real.

8. **Ética na Administração Pública:**

Promover padrões éticos elevados na administração pública, incluindo a proibição de conflitos de interesse e o estabelecimento de códigos de conduta.

9. **Relatórios Anuais:**

Produzir e divulgar relatórios anuais detalhados sobre as realizações, desafios e gastos do governo para manter os cidadãos informados sobre o desempenho.

10. **Controle Social:**

Incentivar a formação e fortalecimento de organizações da sociedade civil, jornalismo investigativo e outras formas de controle social que possam monitorar e questionar as atividades do governo.

11. **Comissões de Ética e Ombudsman:**

Estabelecer comissões independentes de ética e ombudsman para investigar reclamações e assegurar que as práticas do governo estejam alinhadas com princípios éticos.

12. **Educação Cívica:**

Implementar programas de educação cívica para capacitar os cidadãos a compreenderem melhor o funcionamento do governo e a importância da transparência na democracia.

A transparência no governo não apenas fortalece a confiança dos cidadãos nas instituições democráticas, mas também contribui para a responsabilidade, a prevenção da corrupção e o aumento da participação cívica.

As ações, permitindo o escrutínio público e o engajamento cívico.

Mobilização popular

A mobilização popular é fundamental para pressionar por mudanças e garantir a proteção dos direitos fundamentais.

A mobilização popular desempenha um papel crucial no fortalecimento e na defesa do Estado Democrático de Direito. Algumas formas eficazes de mobilização popular incluem:

1. **Protestos Pacíficos:**

Organizar e participar de protestos pacíficos para expressar preocupações, demandas e aspirações, promovendo a participação cívica e a visibilidade de questões importantes.

2. **Campanhas de Conscientização:**

Desenvolver campanhas educativas para conscientizar o público sobre questões relacionadas aos direitos civis, justiça social e princípios democráticos.

3. **Petições e Manifestos:**

Criar petições e manifestos para coletar assinaturas em apoio a causas específicas, demonstrando o apoio popular a determinadas demandas ou reformas.

4. **Ativismo Online:**

Utilizar plataformas online, redes sociais e petições eletrônicas para mobilizar apoio, compartilhar informações e promover ações coordenadas.

5. **Envolvimento em Organizações da Sociedade Civil:**

Participar ativamente de organizações não governamentais, grupos de direitos humanos e outras entidades que trabalhem para fortalecer a democracia e proteger os direitos fundamentais.

6. **Boicotes e Protestos Econômicos:**

Implementar boicotes a produtos ou serviços associados a práticas antiéticas, injustiças ou violações dos direitos humanos como forma de pressão econômica.

7. **Participação em Eleições:**

Envolver-se no processo eleitoral por meio do registro para votar, participação em campanhas eleitorais, debates e votação consciente.

8. **Grupos de Pressão e Lobby:**

Formar grupos de pressão para influenciar legisladores e autoridades, defendendo leis e políticas alinhadas com os princípios democráticos.

9. **Conselhos Cidadãos:**

Estabelecer conselhos cidadãos ou fóruns de discussão para permitir que a comunidade participe ativamente na tomada de decisões locais e nacionais.

10. **Educação Cívica:**

Desenvolver programas de educação cívica para capacitar as pessoas a compreenderem melhor seus direitos, responsabilidades e o funcionamento do sistema democrático.

11. **Ativismo Jurídico:**

Engajar-se em ativismo jurídico, como apresentação de ações judiciais para defender direitos civis e contestar leis ou políticas consideradas injustas.

12. **Solidariedade Intercomunitária:**

Desenvolver laços de solidariedade entre diferentes comunidades para promover a unidade na defesa dos valores democráticos e dos direitos humanos.

A mobilização popular é um componente essencial para assegurar que os princípios democráticos sejam respeitados e que os governos e instituições permaneçam responsáveis perante os cidadãos.

Quando as pessoas se envolvem ativamente na defesa de seus direitos e na promoção da justiça, contribuem significativamente para a vitalidade de um Estado Democrático de Direito.

Algumas das expectativas e características associadas a um Estado Democrático de Direito incluem:

1. **Respeito aos Direitos Fundamentais:**

Garantia e proteção dos direitos individuais e coletivos, como liberdade de expressão, liberdade de associação, direito à vida, liberdade pessoal, entre outros.

2. **Separação de Poderes:**

Divisão independente e equilibrada dos poderes executivo, legislativo e judiciário para evitar abusos e garantir o controle mútuo entre os poderes.

3. **Legalidade e Estado de Direito:**

Submissão de todos, incluindo governantes e cidadãos, às leis estabelecidas, garantindo que ninguém esteja acima da lei.

4. **Processo Eleitoral Livre e Justo:**

Eleições regulares, livres, justas e transparentes para permitir que os cidadãos escolham seus representantes e governantes.

5. **Participação Cidadã:**

Encorajamento e facilitação da participação ativa dos cidadãos na tomada de decisões políticas, além do respeito à diversidade de opiniões.

6. **Independência do Poder Judiciário:**

Garantia de que o sistema judicial seja independente, imparcial e capaz de proteger os direitos fundamentais e a justiça.

7. **Responsabilidade e Prestação de Contas:**

Prestação de contas dos governantes perante a sociedade e as instituições, bem como responsabilização por ações que violem a lei ou os princípios democráticos.

8. **Pluralismo Político:**

Reconhecimento e respeito pela diversidade de opiniões, partidos políticos e grupos sociais, promovendo um ambiente pluralista.

9. **Garantias para Minorias:**

Proteção dos direitos das minorias, evitando a tirania da maioria e promovendo a inclusão e igualdade para todos.

10. **Estado de Bem-Estar Social:""

Busca pelo equilíbrio entre os direitos individuais e a promoção do bem-estar social, proporcionando serviços essenciais e igualdade de oportunidades.

Essas expectativas refletem a aspiração de criar sociedades onde a democracia não é apenas um sistema de governo, mas também uma cultura que valoriza a justiça, a igualdade e a participação cidadã.

A realização plena dessas expectativas é um desafio contínuo, e os Estados Democráticos de Direito buscam constantemente aprimorar suas instituições e práticas para cumprir tais padrões.

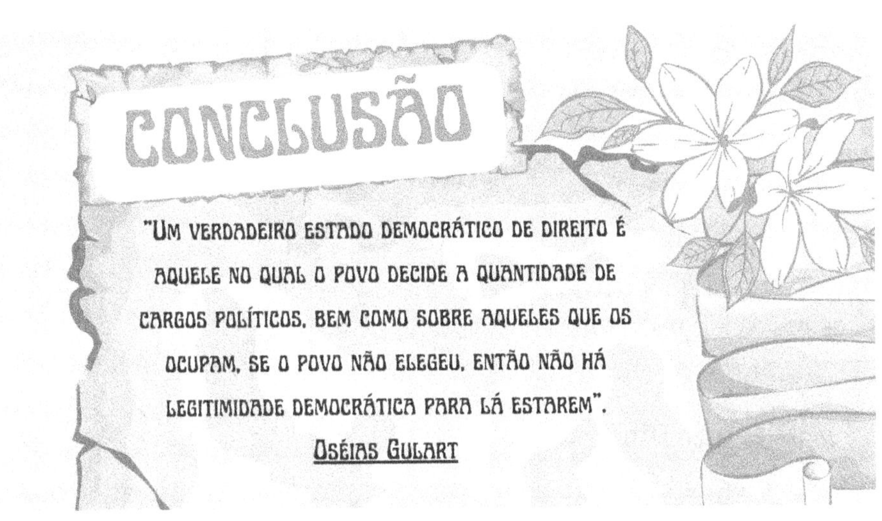

CONCLUSÃO – SEGUNDA PARTE

Em um país pseudodemocrático, a garantia do estado democrático de direito e das garantias fundamentais é um desafio constante.

No entanto, por meio do fortalecimento das instituições e da mobilização popular, é possível alcançar uma sociedade mais justa e equitativa.

Sim, o fortalecimento das instituições democráticas e a mobilização popular desempenham papéis cruciais na construção de uma sociedade mais justa e equitativa.

Vejamos como esses elementos contribuem para esse objetivo:

1. **Fortalecimento das Instituições Democráticas:**

- **Separação de Poderes:**

Assegura que o poder seja distribuído entre os poderes executivo, legislativo e judiciário, evitando concentrações excessivas e garantindo a prestação de contas.

- **Estado de Direito:**

Garante que todos, incluindo governantes, estejam sujeitos às leis, prevenindo abusos e promovendo uma sociedade baseada em regras.

- **Independência Judicial:**

Permite que o sistema judiciário atue de forma imparcial e proteja os direitos fundamentais, contribuindo para a justiça e a equidade.

- **Transparência e Prestação de Contas:**

Reduz a corrupção, aumenta a responsabilidade e permite que os cidadãos avaliem as ações do governo.

2. **Mobilização Popular:**

- **Participação Cidadã:**

Envolvimento ativo dos cidadãos no processo político,

expressando suas opiniões, necessidades e demandas.

- **Controle Social:**

Monitoramento contínuo por parte da sociedade civil, garantindo que as instituições atendam aos interesses coletivos.

- **Pressão por Mudanças:**

Mobilização para mudanças positivas, seja por meio de protestos, petições, campanhas ou ações coletivas.

- **Diversidade de Vozes:**

Assegura que uma variedade de perspectivas seja considerada nas decisões políticas, promovendo a inclusão e evitando a marginalização de grupos.

A combinação desses fatores pode criar uma sinergia poderosa, promovendo uma sociedade mais justa e equitativa.

Algumas maneiras pelas quais isso pode ocorrer incluem:

- **Proteção dos Direitos Humanos:**

O fortalecimento das instituições e a mobilização popular podem garantir que os direitos humanos sejam respeitados e protegidos, independentemente da origem étnica, gênero, religião ou outra característica.

- **Redução da Corrupção:**

Instituições transparentes e uma população ativa na fiscalização ajudam a combater a corrupção, garantindo que os recursos públicos sejam utilizados para o bem comum.

- **Tomada de Decisões Participativa:**

A participação popular na tomada de decisões políticas contribui para políticas mais inclusivas e representa melhor as necessidades e aspirações de toda a sociedade.

- **Redução das Desigualdades:**

A mobilização popular pode pressionar por políticas e reformas que visam reduzir as disparidades econômicas e sociais, buscando uma distribuição mais equitativa de recursos.

- **Justiça Social e Ambiental:**

A sociedade civil ativa pode influenciar a formulação de políticas que abordem questões de justiça social e ambiental, promovendo um equilíbrio entre desenvolvimento econômico, igualdade e sustentabilidade.

Portanto, quando as instituições democráticas são robustas e há uma mobilização popular eficaz, é possível criar um ambiente propício para o desenvolvimento de uma sociedade mais justa, equitativa e democrática.

Fonte: Frase de Oséias Gulart – O Pensador

CORRUPÇÃO E LAVAGEM DE DINHEIRO COM PRECEITOS SUGERIDO POR PLATÃO NA REPÚBLICA

Na terceira parte de nosso artigo a respeito da PSEUDODEMOCRACIA, apresentamos um título complexo e fácil e simples de entendimento:

"Corrupção e Lavagem de dinheiro em um País verdadeiramente democrático e a solução através do entendimento e vivência dos preceitos sugerido por Platão na República."

A corrupção e a lavagem de dinheiro são problemas persistentes em uma sociedade democrática.

Eles têm um impacto negativo profundo em todos os aspectos da vida social.

No entanto, olhando para os preceitos sugeridos por **Platão em sua obra "A República"**, podemos encontrar soluções eficazes para combater essas questões.

A justiça e a virtude, a educação transformadora e o fortalecimento das instituições desempenham um papel fundamental.

Implementando esses preceitos e envolvendo a sociedade civil, podemos construir um país verdadeiramente democrático e livre da corrupção.

A corrupção e a lavagem de dinheiro são questões sérias que podem persistir em qualquer sistema político, incluindo aqueles que se autodenominam verdadeiramente democráticos. Platão, na obra "A República", apresentou uma visão filosófica sobre a organização da sociedade e do governo.

Algumas ideias discutidas por Platão na "A República" que poderiam ter relevância para lidar com a corrupção incluem:

1. **Guardiões Filósofos-Reis:**

   - Platão propõe a ideia de "guardiões filósofos-reis" - líderes que possuem uma educação filosófica rigorosa e que governam com sabedoria.

   - A seleção e treinamento cuidadosos desses líderes poderiam, teoricamente, reduzir a probabilidade de corrupção, pois estariam comprometidos com o bem comum e a busca da verdade.

2. **Desencorajamento da Busca por Riqueza Material:**

- Platão argumenta contra a busca excessiva por riqueza, pois acredita que isso pode levar à corrupção e a objetivos individuais prejudiciais.

- Reduzir o incentivo para a acumulação de riqueza excessiva poderia, em teoria, reduzir a motivação para a corrupção.

3. **Divisão da Sociedade em Classes Funcionais:**

- Platão propõe uma divisão da sociedade em classes, cada uma com funções específicas. Isso incluiria os governantes-filósofos, os guerreiros e os produtores.

- Uma sociedade bem organizada, com responsabilidades e funções claras, poderia minimizar oportunidades para a corrupção.

4. **Ênfase na Educação Moral:**

- Platão enfatiza a importância da educação moral na formação do caráter dos cidadãos.

- A promoção de uma educação que destaque valores éticos poderia contribuir para a construção de uma sociedade mais resistente à corrupção.

No entanto, vale ressaltar que as ideias de Platão devem ser interpretadas à luz do contexto histórico e cultural em que foram propostas. Além disso, a aplicação prática de suas ideias pode levantar questões sobre autoritarismo e elitismo.

Soluções contemporâneas para combater a corrupção e a lavagem de dinheiro em um país democrático podem incluir:

1. **Fortalecimento das Instituições de Controle e Fiscalização:**

- Reforçar órgãos de controle, como agências anticorrupção e tribunais independentes, para garantir uma aplicação eficaz da lei.

2. **Transparência e Prestação de Contas:**

- Promover a transparência nas atividades do governo e das empresas, além de garantir responsabilidade por violações éticas.

3. **Educação Cívica e Conscientização:**

- Investir em programas educacionais que promovam valores éticos, a importância da integridade e a compreensão dos perigos da corrupção.

4. **Reforma Institucional:**

- Realizar reformas institucionais para fortalecer o sistema judicial, melhorar os processos eleitorais e garantir uma distribuição equitativa de recursos.

5. **Coopcração Internacional:**

- Participar ativamente de esforços internacionais de combate à corrupção e lavagem de dinheiro, colaborando com outros países e organizações.

6. **Proteção de Denunciantes:**

- Implementar leis e práticas que protejam denunciantes, incentivando a revelação de atividades corruptas.

7. **Reformas Legislativas:**

- Atualizar e fortalecer as leis relacionadas à corrupção e lavagem de dinheiro para garantir que sejam eficazes e proporcionem punições adequadas.

Embora as ideias de Platão possam fornecer perspectivas filosóficas interessantes, a abordagem contemporânea requer uma combinação de esforços institucionais, legislativos, educacionais e sociais para enfrentar efetivamente esses desafios.

CONTEXTO ATUAL

No contexto atual, é possível observar a prevalência da corrupção e da lavagem de dinheiro em um país democrático.

Essas práticas nefastas minam a confiança na política e nas instituições, comprometendo o bom funcionamento do Estado de direito.

Para enfrentar esse desafio, é necessário buscar soluções baseadas nos princípios propostos por Platão em sua obra "A República".

Embora as ideias de Platão em "A República" ofereçam uma base filosófica interessante, é importante reconhecer que a aplicação prática desses princípios em um contexto democrático contemporâneo pode apresentar desafios. No entanto, alguns elementos das propostas platônicas podem ser reinterpretados e incorporados nas estratégias modernas para combater a corrupção e a lavagem de dinheiro em uma sociedade democrática:

1. **Educação Moral e Cívica:**

   - **Platão:** Enfatizou a importância da educação moral para formar cidadãos éticos.

   - **Contemporaneidade:** Investir em programas de educação cívica e ética para promover valores morais e a compreensão dos princípios democráticos, incentivando a integridade desde os estágios iniciais da formação.

2. **Seleção e Treinamento de Líderes:**

   - **Platão:** Propôs a ideia de "guardiões filósofos-reis" que seriam selecionados e treinados para liderar com sabedoria.

   - **Contemporaneidade:** Implementar processos de seleção rigorosos para líderes políticos, enfatizando a integridade e competência, além de fornecer treinamento contínuo em ética e governança responsável.

3. **Desencorajamento da Busca Excessiva por Riqueza:**

   - **Platão:** Alertou contra a busca excessiva por riqueza, associando-a à corrupção.

   - **Contemporaneidade:** Implementar regulamentações e incentivos fiscais que desencorajem práticas econômicas predatórias e promovam uma distribuição mais equitativa de recursos.

4. **Divisão de Poderes e Controle Social:**

   - **Platão:** Propôs a divisão de classes e a importância do controle social.

   - **Contemporaneidade:** Reforçar a independência dos

poderes executivo, legislativo e judiciário, além de promover a sociedade civil ativa na fiscalização e monitoramento das atividades governamentais.

5. **Justiça Social e Redução de Desigualdades:**

   - **Platão:** Buscou uma sociedade justa e equitativa.

   - **Contemporaneidade:** Implementar políticas que visem reduzir as disparidades socioeconômicas, garantindo acesso igualitário a oportunidades e recursos.

6. **Transparência e Prestação de Contas:**

   - **Platão:** Propôs uma sociedade transparente e responsável.

   - **Contemporaneidade:** Fortalecer mecanismos de transparência, como portais de dados abertos, e garantir a prestação de contas efetiva por meio de órgãos de controle e auditorias independentes.

Embora a interpretação e aplicação das ideias de Platão exijam adaptação ao contexto contemporâneo, alguns princípios filosóficos podem inspirar abordagens modernas para combater a corrupção e a lavagem de dinheiro. A integração desses princípios com estratégias específicas pode contribuir para o fortalecimento do Estado de direito em uma sociedade democrática.

IMPACTO NEGATIVO NA SOCIETADE

A corrupção e a lavagem de dinheiro têm um impacto negativo profundo na sociedade.

Elas geram desigualdade, prejudicam o desenvolvimento econômico, minam a confiança nas instituições governamentais e comprometem os direitos e o bem-estar dos cidadãos.

É fundamental combater essas práticas para garantir uma sociedade mais justa e equilibrada.

Absolutamente, você destacou pontos fundamentais sobre o

impacto negativo da corrupção e da lavagem de dinheiro na sociedade.

Alguns dos efeitos prejudiciais incluem:

1. **Desigualdade Econômica:**

- A corrupção pode acentuar desigualdades econômicas, direcionando recursos públicos para interesses particulares e afastando investimentos em serviços públicos essenciais.

2. **Prejuízo ao Desenvolvimento Econômico:**

- A corrupção pode desencorajar investimentos estrangeiros, minar a eficiência econômica e prejudicar o crescimento a longo prazo.

3. **Perda de Confiança Institucional:**

- A corrupção mina a confiança dos cidadãos nas instituições governamentais, enfraquecendo a legitimidade do governo e prejudicando a coesão social.

4. **Impacto nos Direitos e Bem-Estar dos Cidadãos:**

- A corrupção pode levar à má alocação de recursos, prejudicando a prestação de serviços essenciais como saúde, educação e segurança, afetando diretamente os direitos e o bem-estar dos cidadãos.

5. **Injustiça e Impunidade:**

- A percepção de impunidade em casos de corrupção pode criar um ambiente de injustiça, onde indivíduos poderosos escapam das consequências de seus atos.

6. **Deterioração da Ética Social:**

   - A corrupção pode se espalhar como uma cultura prejudicial, comprometendo a ética social e normalizando práticas antiéticas.

Para combater eficazmente a corrupção e a lavagem de dinheiro, são necessárias abordagens integradas, envolvendo:

1. **Fortalecimento das Instituições:**

   - Investir na independência e capacidade das instituições de aplicação da lei, tribunais e órgãos de controle para garantir que possam enfrentar efetivamente a corrupção.

2. **Transparência e Prestação de Contas:**

   - Promover a transparência nas atividades governamentais e empresariais, além de responsabilizar aqueles que praticam atos corruptos.

3. **Educação e Conscientização:**

   - Desenvolver programas educacionais que destaquem a importância da integridade, ética e responsabilidade cívica, cultivando uma cultura de rejeição à corrupção.

4. **Proteção de Denunciantes:**

   - Implementar leis e práticas que protejam denunciantes, incentivando a revelação de atividades corruptas sem medo de retaliação.

5. **Cooperação Internacional:**

   - Participar de esforços internacionais para combater a corrupção e a lavagem de dinheiro, colaborando com outros países em investigações e compartilhamento de informações.

6. **Reformas Legislativas:**

- Atualizar e fortalecer as leis relacionadas à corrupção, garantindo que sejam claras, eficazes e proporcionem punições proporcionais.

A luta contra a corrupção é essencial para construir sociedades mais justas, equilibradas e democráticas, onde os direitos e o bem-estar de todos os cidadãos são respeitados e protegidos.

PRECEITOS SUGERIDOS POR PLATÃO NA REPÚBLICA

Justiça e Virtude

Os preceitos sugeridos por Platão na obra "A República" enfatizam a importância da justiça e da virtude como bases fundamentais para uma sociedade saudável.

A justiça deve ser buscada por todos, tanto governantes quanto cidadãos, para assegurar a harmonia e a igualdade de oportunidades.

Sim, você está correto. Em "A República", Platão apresenta sua visão filosófica sobre a organização ideal da sociedade e do governo.

Alguns dos preceitos fundamentais sugeridos por Platão na obra "A República" incluem:

1. **Teoria das Ideias (Teoria das Formas):**

- Platão propõe que a realidade percebida pelos sentidos é apenas uma sombra ou reflexo das formas ideais, que são realidades eternas e imutáveis. Isso tem implicações na busca da verdade e na compreensão das ideias justas e virtuosas.

2. **Guardiões Filósofos-Reis:**

- Platão sugere a ideia de governantes-filósofos, indivíduos com uma educação filosófica rigorosa que governam com sabedoria e buscam o bem comum. Essa elite governante é escolhida com base em mérito e habilidades, não por nascimento.

3. **Divisão da Sociedade em Classes Funcionais:**

- Platão propõe uma divisão da sociedade em três classes: os produtores, os guerreiros e os governantes. Cada classe tem funções específicas para garantir a estabilidade e a ordem.

4. **Educação Moral e Filosófica:**

- Platão enfatiza a importância da educação moral e filosófica para moldar o caráter dos cidadãos. A educação deve buscar o conhecimento das formas ideais e a compreensão do bem.

5. **Justiça como Virtude Pessoal e Social:**

- Platão define a justiça como a harmonia entre as partes da alma individual e, por extensão, como a harmonia na cidade-estado. A justiça é vista como uma virtude fundamental tanto no indivíduo quanto na sociedade.

6. **Desencorajamento da Busca Excessiva por Riqueza:**

- Platão alerta contra a busca excessiva por riqueza, associando-a à corrupção. Ele propõe que os líderes devem renunciar à propriedade privada para evitar conflitos de interesse.

7. **Formação de uma Sociedade Justa e Equitativa:**

- O objetivo final de Platão é formar uma sociedade justa e equitativa, onde cada indivíduo desempenha seu papel apropriado e a justiça prevalece.

Esses preceitos refletem a visão de Platão sobre a importância da virtude, educação e justiça na construção de uma sociedade saudável. Embora a aplicação prática dessas ideias possa ser complexa em um contexto democrático contemporâneo, elas continuam a influenciar o pensamento filosófico sobre ética, política e organização social.

Absolutamente, você destacou pontos fundamentais sobre o impacto negativo da corrupção e da lavagem de dinheiro na sociedade.

Alguns dos efeitos prejudiciais incluem:

1. **Desigualdade Econômica:**

- A corrupção pode acentuar desigualdades econômicas, direcionando recursos públicos para interesses particulares e afastando investimentos em serviços públicos essenciais.

2. **Prejuízo ao Desenvolvimento Econômico:**

- A corrupção pode desencorajar investimentos estrangeiros, minar a eficiência econômica e prejudicar o crescimento a longo prazo.

3. **Perda de Confiança Institucional:**

   - A corrupção mina a confiança dos cidadãos nas instituições governamentais, enfraquecendo a legitimidade do governo e prejudicando a coesão social.

4. **Impacto nos Direitos e Bem-Estar dos Cidadãos:**

   - A corrupção pode levar à má alocação de recursos, prejudicando a prestação de serviços essenciais como saúde, educação e segurança, afetando diretamente os direitos e o bem-estar dos cidadãos.

5. **Injustiça e Impunidade:**

   - A percepção de impunidade em casos de corrupção pode criar um ambiente de injustiça, onde indivíduos poderosos escapam das consequências de seus atos.

6. **Deterioração da Ética Social:**

   - A corrupção pode se espalhar como uma cultura prejudicial, comprometendo a ética social e normalizando práticas antiéticas.

Para combater eficazmente a corrupção e a lavagem de dinheiro, são necessárias abordagens integradas, envolvendo:

1. **Fortalecimento das Instituições:**

   - Investir na independência e capacidade das instituições de aplicação da lei, tribunais e órgãos de controle para garantir que possam enfrentar efetivamente a corrupção.

2. **Transparência e Prestação de Contas:**

- Promover a transparência nas atividades governamentais e empresariais, além de responsabilizar aqueles que praticam atos corruptos.

3. **Educação e Conscientização:**

- Desenvolver programas educacionais que destaquem a importância da integridade, ética e responsabilidade cívica, cultivando uma cultura de rejeição à corrupção.

4. **Proteção de Denunciantes:**

- Implementar leis e práticas que protejam denunciantes, incentivando a revelação de atividades corruptas sem medo de retaliação.

5. **Cooperação Internacional:**

- Participar de esforços internacionais para combater a corrupção e a lavagem de dinheiro, colaborando com outros países em investigações e compartilhamento de informações.

6. **Reformas Legislativas:**

- Atualizar e fortalecer as leis relacionadas à corrupção, garantindo que sejam claras, eficazes e proporcionem punições proporcionais.

A luta contra a corrupção é essencial para construir sociedades mais justas, equilibradas e democráticas, onde os direitos e o bem-estar de todos os cidadãos são respeitados e protegidos.

Governantes Filósofos

Platão propõe que os governantes sejam filósofos, indivíduos dotados de sabedoria e conhecimento.

Esses líderes devem ter a capacidade de tomar decisões justas e buscar o bem comum, colocando os interesses da sociedade acima de seus interesses pessoais.

Sim, você resumiu corretamente a visão de Platão em "A República". Na obra, Platão defende a ideia de que os líderes ideais para governar uma sociedade devem ser filósofos-reis, indivíduos que possuem uma educação filosófica profunda, sabedoria e conhecimento sobre as formas ideais.

Alguns pontos-chave associados a essa proposta incluem:

1. **Educação Filosófica Rigorosa:**

   - Platão enfatiza a importância da educação filosófica desde a juventude para desenvolver a capacidade de compreender as ideias essenciais e a busca pela verdade.

2. **Conhecimento das Formas Ideais:**

   - Os filósofos-reis, de acordo com Platão, devem ter conhecimento das formas ideais, que representam realidades eternas e perfeitas. Esse conhecimento os capacita a discernir o que é justo, bom e verdadeiro.

3. **Renúncia à Propriedade Privada:**

   - Platão propõe que os líderes devem renunciar à propriedade privada para evitar conflitos de interesse e garantir que suas decisões sejam orientadas pelo bem comum, em vez de interesses pessoais.

4. **Busca pelo Bem Comum:**

   - A principal responsabilidade dos filósofos-reis é buscar o bem comum da sociedade. Eles devem tomar decisões justas e equitativas, colocando o interesse coletivo acima dos desejos individuais.

5. **Meritocracia:**

- A seleção de líderes não deve ser baseada em critérios hereditários, mas sim em mérito. Platão propõe que os filósofos-reis sejam escolhidos com base em suas habilidades e competência, não em sua linhagem familiar.

Essa concepção platônica reflete uma visão idealizada de governança, onde o conhecimento, a sabedoria e a busca pela verdade são considerados como os fundamentos para uma liderança justa e eficaz. Embora a aplicação prática dessas ideias possa ser desafiadora em um contexto democrático moderno, a discussão filosófica de Platão continua a influenciar o pensamento político e ético.

Educação Transformadora

Platão defende que a educação seja voltada para o desenvolvimento de cidadãos virtuosos e responsáveis.

Através da educação, é possível transmitir valores éticos, promover o pensamento crítico e capacitar os indivíduos para agir de forma justa e responsável.

Sim, você destacou corretamente a ênfase de Platão na educação como um meio crucial para moldar cidadãos virtuosos e responsáveis em sua obra "A República".

Algumas das ideias associadas a esse conceito incluem:

1. **Educação Moral e Filosófica:**

- Platão propõe que a educação deve ir além do mero ensino de habilidades técnicas. Ela deve incluir uma educação moral e filosófica para desenvolver o caráter e a compreensão ética dos indivíduos.

2. **Busca pela Verdade e Formas Ideais:**

- A educação deve orientar os alunos na busca pela verdade e no conhecimento das formas ideais, contribuindo para uma compreensão mais profunda dos princípios éticos.

3. **Desenvolvimento do Pensamento Crítico:**

- Platão enfatiza a importância do pensamento crítico, encorajando os alunos a questionar, analisar e avaliar informações de maneira independente.

4. **Treinamento para a Virtude:**

- A educação visa treinar os jovens para serem virtuosos, cultivando virtudes como justiça, coragem, sabedoria e temperança.

5. **Seleção Rigorosa de Conteúdos:**

- Platão propõe uma seleção cuidadosa de conteúdos educacionais, filtrando informações que possam influenciar negativamente a moral e a ética dos alunos.

6. **Música e Poesia como Ferramentas Educativas:**

- Platão sugere que a música e a poesia desempenham um papel fundamental na formação ética. Ele defende o controle rigoroso dessas formas artísticas para garantir que promovam valores virtuosos.

A visão de Platão sobre a educação reflete sua crença na capacidade da educação para transformar a sociedade e produzir cidadãos capazes de contribuir para o bem comum. Enquanto a aplicação prática dessas ideias pode variar de acordo com os contextos culturais e educacionais, a importância de uma educação ética e orientada para a formação de virtudes continua a ser uma consideração significativa na teoria educacional e filosofia política.

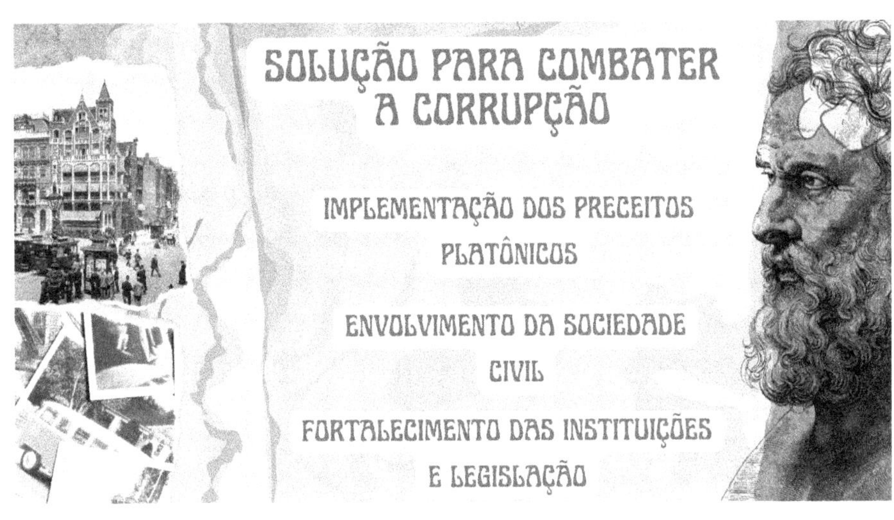

SOLUÇÃO PARA COMBATER A CORRUPÇÃO

Implementação dos Preceitos Platônicos

Para combater a corrupção, é fundamental implementar os preceitos sugeridos por Platão na obra "A República".

Isso envolve estabelecer sistemas de justiça eficientes, **promover a formação de governantes éticos e investir na educação transformadora dos cidadãos**.

Embora os preceitos sugeridos por Platão em "A República" ofereçam uma base filosófica interessante, a aplicação prática dessas ideias em contextos modernos, especialmente em sistemas democráticos, requer considerações e adaptações cuidadosas.

No entanto, algumas das ideias platônicas podem inspirar estratégias contemporâneas para combater a corrupção:

1. **Sistemas de Justiça Eficientes:**

   - Reforçar os sistemas judiciais, promovendo a independência, transparência e eficiência para garantir que aqueles envolvidos em corrupção enfrentem consequências adequadas.

2. **Formação de Governantes Éticos:**

   - Investir em programas de formação ética para líderes políticos e funcionários públicos, promovendo a responsabilidade, a integridade e a prestação de contas em cargos de poder.

3. **Mérito na Seleção de Líderes:**

   - Estabelecer critérios meritocráticos para a seleção de líderes, enfatizando a competência, ética e histórico de serviço público.

4. **Educação Transformadora:**

   - Investir na educação cívica e ética para capacitar os cidadãos com um entendimento profundo dos valores democráticos, responsabilidades cívicas e a importância da rejeição à corrupção.

5. **Controle Social e Transparência:**

   - Promover a participação ativa da sociedade civil no controle social, monitorando as atividades governamentais e empresariais, e garantindo a transparência nas operações.

6. **Proteção de Denunciantes:**

- Implementar leis que protejam denunciantes, encorajando a divulgação segura de atividades corruptas.

7. **Desencorajamento da Busca Excessiva por Riqueza:**

- Desenvolver regulamentações e políticas que desencorajem práticas econômicas predatórias, evitando o enriquecimento desproporcional e conflitos de interesse.

8. **Ênfase na Ética na Educação:**

- Integrar valores éticos e cívicos em programas educacionais desde as etapas iniciais, promovendo uma cultura ética desde a infância.

9. **Combate à Impunidade:**

- Assegurar que a aplicação da lei seja efetiva, evitando a impunidade e garantindo que todos, independentemente do seu status, sejam responsáveis por suas ações.

10. **Cooperação Internacional:**

- Participar de esforços internacionais para combater a corrupção, colaborando com outros países em investigações e compartilhamento de informações.

Embora a obra de Platão ofereça insights valiosos, a complexidade dos desafios contemporâneos exige abordagens multidimensionais e adaptáveis. A combinação de princípios éticos, educação cívica e esforços institucionais é essencial para promover uma cultura de integridade e enfrentar efetivamente a corrupção em todas as suas formas.

Envolvimento da Sociedade Civil

Além disso, é necessário envolver a sociedade civil no combate à corrupção.

Os cidadãos devem se **engajar ativamente na política**, exigir transparência e **responsabilidade dos governantes** e participar de **movimentos e organizações que promovam a ética e a justiça.**

Você destacou um ponto fundamental. A visão de Platão sobre a participação da sociedade civil é relevante e pode ser interpretada como uma chamada para o engajamento ativo dos cidadãos no combate à corrupção.

Alguns elementos associados a esse conceito incluem:

1. **Participação Ativa na Política:**

- Cidadãos devem envolver-se ativamente na política, participando de processos eleitorais, debatendo questões públicas e apoiando candidatos comprometidos com a ética e a transparência.

2. **Exigência de Transparência e Responsabilidade:**

- A sociedade civil desempenha um papel crucial ao exigir transparência nas operações governamentais e empresariais, pressionando por prestação de contas e participando de iniciativas de monitoramento.

3. **Movimentos e Organizações Éticas:**

- O apoio a movimentos e organizações que promovem a ética, a justiça e a responsabilidade pode ser uma maneira eficaz de canalizar o ativismo cívico em direção a objetivos comuns.

4. **Educação Cívica e Conscientização:**

- A educação cívica é essencial para capacitar os cidadãos a compreenderem seus direitos, responsabilidades e a importância de seu papel na construção de uma sociedade ética.

5. **Denúncias e Proteção de Denunciantes:**

- Encorajar a denúncia de atividades corruptas e garantir a proteção de denunciantes são elementos-chave para envolver a sociedade na identificação e combate à corrupção.

6. **Acesso à Informação:**

- Facilitar o acesso à informação é fundamental para permitir que os cidadãos estejam bem informados sobre as decisões e ações do governo, promovendo uma cultura de transparência.

7. **Participação em Processos Decisórios:**

- Incentivar a participação da sociedade civil em processos decisórios, audiências públicas e consultas pode fortalecer a governança democrática e reduzir a opacidade nas tomadas de decisão.

Ao envolver ativamente a sociedade civil, os cidadãos não apenas contribuem para a vigilância e responsabilização, mas também fortalecem os fundamentos da democracia. Essa abordagem alinha-se com os ideais de Platão, que reconhecia a importância da participação cívica na construção de uma sociedade justa e ética.

Fortalecimento das Instituições e Legislação

Também é importante **fortalecer as instituições e a legislação** para garantir a punição adequada dos corruptos e a prevenção de novos casos de corrupção.

Isso inclui o estabelecimento de leis mais rigorosas, a criação de mecanismos de controle e fiscalização mais eficientes e o **fortalecimento dos órgãos responsáveis pela investigação e punição dos atos de corrupção.**

Sem dúvida, fortalecer as instituições e a legislação é uma parte crucial da estratégia para combater a corrupção. Aqui estão algumas medidas específicas que podem contribuir para esse objetivo:

1. **Leis mais Rigorosas:**

   - Estabelecer leis anticorrupção mais rigorosas, que definam claramente os crimes, penalidades proporcionais e medidas preventivas. Isso inclui a definição de corrupção em todas as suas formas, incluindo suborno, peculato, nepotismo, entre outros.

2. **Mecanismos de Controle e Fiscalização:**

   - Criar mecanismos eficientes de controle e fiscalização para monitorar as atividades do governo e de entidades privadas. Isso pode envolver auditorias regulares, avaliações de risco e implementação de tecnologias para detectar irregularidades.

3. **Órgãos de Investigação e Punição:**

   - Fortalecer os órgãos responsáveis pela investigação e punição dos atos de corrupção, garantindo que sejam independentes, bem financiados e tenham os recursos necessários para realizar investigações completas.

4. **Proteção a Denunciantes:**

- Implementar e fortalecer leis que protejam denunciantes de represálias, incentivando a revelação de atividades corruptas e aumentando a probabilidade de detecção e punição.

5. **Cooperação Internacional:**

- Participar ativamente de esforços internacionais de combate à corrupção, colaborando com outros países em investigações e compartilhamento de informações.

6. **Transparência nas Finanças Públicas:**

- Garantir a transparência nas finanças públicas, divulgando orçamentos, gastos e receitas de maneira acessível ao público. Isso permite que os cidadãos acompanhem o uso de recursos públicos.

7. **Educação Jurídica e Ética:**

- Fornecer educação jurídica e ética aos profissionais do sistema judicial, promotores, advogados e funcionários públicos, para garantir uma compreensão clara dos princípios éticos e da aplicação eficaz da lei.

8. **Reforma Legislativa:**

- Realizar reformas legislativas para corrigir lacunas e fraquezas nas leis existentes, garantindo que sejam atualizadas e eficazes na prevenção e punição da corrupção.

9. **Recuperação de Ativos:**

- Estabelecer mecanismos eficazes para a recuperação de ativos provenientes de atividades corruptas, garantindo que os infratores sejam responsabilizados financeiramente.

10. **Avaliação Periódica e Ajustes:**

- Realizar avaliações periódicas da eficácia das medidas anticorrupção implementadas e realizar ajustes conforme necessário para enfrentar novos desafios.

O combate à corrupção exige uma abordagem abrangente, envolvendo não apenas medidas punitivas, mas também iniciativas preventivas e educacionais. O fortalecimento das instituições e da legislação desempenha um papel fundamental na construção de um ambiente no qual a corrupção seja minimizada e punida de maneira eficaz.

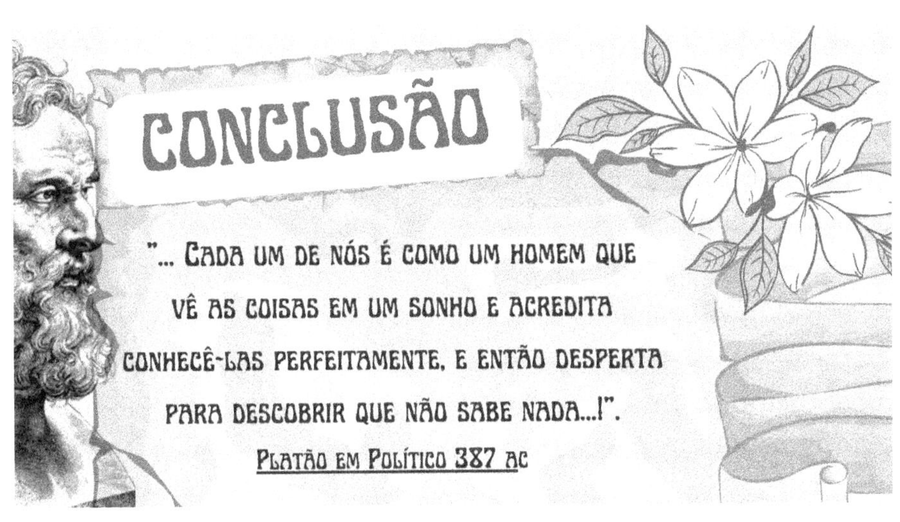

CONCLUSÃO – TERCEIRA PARTE

Para combater a corrupção e a lavagem de dinheiro em um país verdadeiramente democrático, é essencial compreender e vivenciar os preceitos sugeridos por Platão em sua obra "A República".

A justiça, a virtude, a educação transformadora, o envolvimento da sociedade civil e o fortalecimento das instituições são alguns dos caminhos para a transformação da sociedade e a conquista de uma sociedade mais justa e ética.

Embora os preceitos sugeridos por Platão em "A República" forneçam uma base filosófica interessante, é importante notar que a visão platônica de governança, baseada em filósofos-reis e uma sociedade estratificada, pode ser desafiadora de aplicar diretamente em contextos democráticos contemporâneos.

No entanto, alguns princípios filosóficos podem inspirar estratégias para combater a corrupção e a lavagem de dinheiro em um ambiente democrático:

1. **Ética na Educação:**

   - Promover uma educação que enfatize valores éticos e cívicos, incentivando a formação de cidadãos conscientes, responsáveis e comprometidos com o bem comum.

2. **Transparência e Prestação de Contas:**

   - Reforçar a transparência nas instituições governamentais e empresariais, garantindo que as decisões e ações sejam acessíveis ao público, e exigir a prestação de contas para combater a corrupção.

3. **Participação Cidadã Ativa:**

   - Incentivar a participação ativa dos cidadãos na política e na sociedade civil, permitindo que eles desempenhem um papel ativo no monitoramento e no combate à corrupção.

4. **Fortalecimento das Instituições Democráticas:**

   - Assegurar que as instituições democráticas, incluindo o sistema judiciário, sejam independentes, eficientes e capazes de lidar com casos de corrupção de maneira justa e imparcial.

5. **Proteção de Denunciantes:**

   - Estabelecer leis e práticas que protejam os denunciantes, encorajando a revelação segura de atividades corruptas sem medo de retaliação.

6. **Combate à Impunidade:**

- Garantir que a aplicação da lei seja eficaz, evitando a impunidade e assegurando que todos, independentemente do seu status, sejam responsáveis por suas ações.

7. **Cooperação Internacional:**

- Participar de esforços internacionais de combate à corrupção, colaborando com outros países em investigações e compartilhamento de informações.

8. **Controle Financeiro e Recuperação de Ativos:**

- Implementar mecanismos rigorosos de controle financeiro para detectar e prevenir a lavagem de dinheiro, além de buscar ativamente a recuperação de ativos provenientes de atividades corruptas.

9. **Educação Contínua sobre Ética:**

- Oferecer educação contínua sobre ética para profissionais em posições de poder, garantindo que eles compreendam e adiram a padrões éticos elevados.

10. **Responsabilidade Empresarial:**

- Promover a responsabilidade social e ética nas empresas, incentivando práticas transparentes e íntegras.

Embora a estrutura platônica precise ser adaptada ao contexto democrático moderno, os princípios subjacentes de ética, transparência e participação cidadão pode ser incorporados para promover uma sociedade mais justa e combater práticas corruptas.

Os Tribunais de contas da União, dos Estados e dos Municípios tem um papel principal para se evitar a corrupção?

Sim, os Tribunais de Contas da União (TCU), dos Estados e dos Municípios desempenham um papel crucial na prevenção e combate à corrupção.

Suas funções principais incluem:

1. **Fiscalização e Auditoria:**

   - Os Tribunais de Contas têm a responsabilidade de auditar as contas e as práticas financeiras do governo, incluindo órgãos públicos, empresas estatais e outros entes governamentais. Isso ajuda a identificar irregularidades e prevenir desvios de recursos públicos.

2. **Transparência e Prestação de Contas:**

   - Ao analisar e divulgar relatórios de auditoria, os Tribunais de Contas promovem a transparência nas operações governamentais. Isso permite que a sociedade, órgãos legislativos e outros órgãos de controle acompanhem o uso dos recursos públicos.

3. **Avaliação de Políticas Públicas:**

- Além da fiscalização financeira, os Tribunais de Contas também podem avaliar a eficácia e a eficiência das políticas públicas, assegurando que os recursos sejam alocados de maneira apropriada para atender às necessidades da sociedade.

4. **Prevenção de Irregularidades:**

- Ao identificar práticas inadequadas ou irregularidades em tempo hábil, os Tribunais de Contas ajudam a prevenir casos de corrupção, fornecendo recomendações para correções e melhorias.

5. **Recomendações e Correções:**

- Com base em suas auditorias, os Tribunais de Contas emitem recomendações e determinações para corrigir deficiências e garantir a conformidade com as leis e regulamentos.

6. **Responsabilização:**

- Os Tribunais de Contas têm o poder de responsabilizar gestores públicos por irregularidades, podendo determinar a devolução de recursos desviados, aplicar multas e, em alguns casos, encaminhar casos para órgãos de investigação e aplicação da lei.

7. **Aprimoramento da Gestão Pública:**

- Ao fornecer análises críticas e construtivas sobre a gestão pública, os Tribunais de Contas contribuem para o aprimoramento contínuo das práticas administrativas e financeiras do setor público.

Portanto, os Tribunais de Contas desempenham um papel fundamental na promoção da transparência, responsabilidade e integridade na administração pública, contribuindo significativamente para evitar e combater a corrupção em diferentes níveis de governo.

A REPÚBLICA DE PLATÃO E A DEMOCRACIA

A obra "A República" é uma das mais importantes e influentes da filosofia ocidental. Platão, discípulo de Sócrates, nos apresenta uma cidade ideal onde a justiça é o valor principal. Nesta obra, Platão discute a democracia e as suas vantagens e desvantagens em relação ao seu modelo ideal.

Sim, você apresentou uma visão precisa da obra "A República" de Platão. Nessa obra, Platão expõe sua filosofia política e ética por meio de um diálogo liderado por Sócrates.

A principal preocupação de Platão em "A República" é explorar a natureza da justiça e desenvolver uma visão de uma sociedade ideal.

Alguns dos pontos-chave relacionados à discussão sobre a democracia e seu modelo ideal incluem:

1. **Crítica à Democracia:**

- Platão critica a democracia ateniense contemporânea, argumentando que ela é suscetível à instabilidade política e à influência de oradores habilidosos, que podem manipular as massas.

2. **Modelo Ideal - A Cidade Justa:**

- Platão propõe o conceito de uma cidade ideal, onde a justiça é o princípio fundamental. Nessa cidade, os cidadãos são divididos em três classes (produtores, guerreiros e governantes) com funções específicas para promover a harmonia.

3. **Filósofos-Reis:**

- Platão defende a ideia de que os governantes ideais seriam filósofos-reis, indivíduos educados e sábios que governariam com base na compreensão das formas ideais e do conhecimento da verdade.

4. **Crítica à Democracia Direta:**

- Platão critica a ideia de democracia direta, argumentando que as decisões políticas devem ser tomadas por especialistas, os filósofos, em vez de por uma maioria não instruída.

5. **Desigualdade e Estratificação:**

- Platão defende uma sociedade estratificada com base na

habilidade e mérito, onde a desigualdade é justificada pela contribuição específica de cada classe para o bem comum.

6. **Educação como Elemento Fundamental:**

- Platão enfatiza a importância da educação na formação de cidadãos virtuosos e, particularmente, na educação dos líderes filósofos-reis.

7. **Alegoria da Caverna:**

- Platão utiliza a "Alegoria da Caverna" para ilustrar sua visão sobre a natureza do conhecimento e a necessidade de ascender à verdade e à sabedoria.

"A República" é uma obra profunda e multifacetada que aborda não apenas questões políticas, mas também éticas e epistemológicas. A crítica à democracia ateniense e a proposta de uma cidade ideal continuam sendo tópicos de discussão na filosofia política até os dias atuais.

VISÃO GERAL SOBRE A REPÚBLICA DE PLATÃO

Contexto Histórico

A República foi escrita por Platão por volta de 380 a.C, período em que Atenas era governada por uma democracia.

Essas experiências influenciaram as ideias de Platão sobre o governo e a justiça. Em "A República", ele expressa suas críticas à democracia direta, argumentando que a tomada de decisões por uma maioria muitas vezes resulta em instabilidade, demagogia e a ascensão de líderes inaptos.

Platão propõe sua visão de uma cidade ideal, onde a justiça é o princípio central e onde os governantes são filósofos-reis educados e sábios.

A obra também reflete as reflexões de Platão sobre questões éticas, epistemológicas e ontológicas, utilizando diálogos entre personagens, principalmente liderados por Sócrates. Portanto, a escrita de "A República" está profundamente enraizada no contexto histórico, político e filosófico da Grécia antiga.

A ideia de Justiça

Platão busca definir o que é justiça e busca estabelecer a ordem social ideal. A cidade é vista como um organismo vivo que precisa ser saudável para que seus habitantes vivam bem.

Exatamente, a ideia de justiça é central em "A República" de Platão, onde ele explora profundamente sua concepção de uma cidade ideal e as relações entre indivíduos e sociedade. Alguns pontos-chave relacionados à ideia de justiça na obra incluem:

1. **Alegoria da Caverna:**

   - Platão usa a "Alegoria da Caverna" para ilustrar a transição da ignorância para o conhecimento e como a busca pela verdade é fundamental para alcançar a justiça.

2. **A Justiça como Virtude:**

   - Na perspectiva platônica, a justiça é vista como uma virtude, um estado de equilíbrio e harmonia entre as partes da alma e da cidade. Cada parte da sociedade deve desempenhar seu papel apropriado para alcançar essa harmonia.

3. **A Tríplice Divisão da Alma:**

   - Platão propõe uma divisão tríplice da alma em razão, espírito (coragem) e apetite. A justiça ocorre quando cada parte da alma executa sua função apropriada, com a razão governando as outras partes.

4. **Funções na Cidade Ideal:**

- Na cidade ideal, Platão argumenta que a justiça social é alcançada quando cada cidadão desempenha o papel adequado de acordo com suas habilidades e capacidades. Os filósofos-reis governam, os guerreiros protegem e os produtores cuidam dos assuntos práticos da vida cotidiana.

5. **A Importância da Educação:**

- Platão enfatiza que a educação é fundamental para formar cidadãos virtuosos. Os líderes devem ser educados filosoficamente para compreender as formas ideais e agir em benefício da sociedade.

6. **A Ideia do Bem:**

- Platão introduz a "Ideia do Bem" como a fonte suprema de conhecimento e verdade. Compreender o Bem é essencial para agir justamente e alcançar o propósito final da vida virtuosa.

7. **Analogia entre Indivíduo e Sociedade:**

- Platão estabelece uma analogia entre a estrutura da alma individual e a estrutura da cidade, argumentando que a justiça ocorre quando cada parte desempenha seu papel na busca do bem comum.

8. **O Papel da Filosofia na Justiça:**

- Para Platão, a filosofia desempenha um papel central na compreensão e busca da justiça. Os líderes filósofos-reis, educados na busca da verdade, são essenciais para guiar a sociedade rumo à justiça.

A ideia de justiça em "A República" está intrinsecamente ligada à visão de Platão sobre uma ordem social ideal, onde a harmonia é alcançada por meio do cumprimento adequado de papéis e da busca da verdade e do bem. Esses conceitos continuam a ser fundamentais nas discussões filosóficas e éticas contemporâneas.

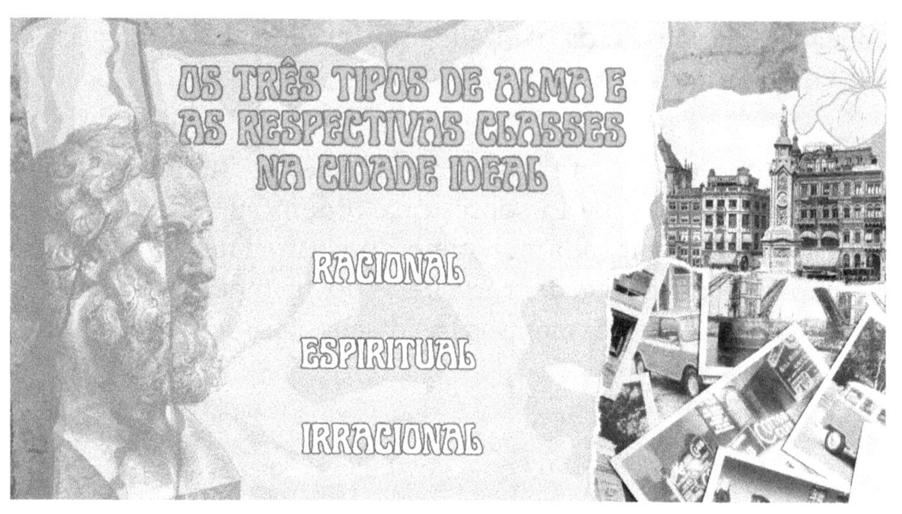

OS TRÊS TIPOS DE ALMA E RESPECTIVAS CLASSES NA CIDADE IDEAL

Assim como a cidade tem uma estrutura, com diferentes classes sociais, Platão também acredita que a alma do homem é dividida em três partes: a racional, a espiritual e a irracional.

Cada parte dessa corresponde a uma classe específica na cidade ideal.

Sim, você expressou corretamente a visão de Platão sobre a analogia entre a estrutura da cidade ideal e a alma individual em

"A República". Platão propõe uma tripartição da alma, dividindo-a em três partes distintas, cada uma correspondendo a uma classe específica na cidade.

Essas partes são:

1. **Razão (Liderança - Filósofos-Reis):**

   - A parte racional da alma corresponde à razão e ao conhecimento. Em termos da cidade ideal, os filósofos-reis, que são educados na busca da verdade e na compreensão das Formas Ideais, representam essa classe. Sua função é liderar a sociedade com sabedoria.

2. **Espírito (Guardiões - Guerreiros):**

   - A parte espiritual da alma está relacionada ao espírito, à coragem e à determinação. Na cidade ideal, os guerreiros ou guardiões correspondem a essa parte. Eles são responsáveis por proteger a sociedade e manter a ordem.

3. **Desejo (Produtores - Trabalhadores):**

   - A parte irracional da alma está associada aos desejos, apetites e impulsos. Na cidade ideal, a classe dos produtores, ou trabalhadores, representa essa parte. Eles são responsáveis pelas atividades práticas e pela produção dos bens necessários à sociedade.

A ideia de Platão é que, para alcançar a justiça tanto na alma individual quanto na cidade, cada parte deve desempenhar sua função apropriada, em harmonia com as outras partes. Quando a razão governa e guia as partes espirituais e irracionais, a alma individual e a cidade podem alcançar a ordem e a justiça.

Essa analogia entre a estrutura da alma e a estrutura da cidade é um aspecto fundamental da filosofia política de Platão, refletindo sua crença na interconexão entre o indivíduo e a sociedade na busca da virtude e da justiça.

A QUESTÃO DA JUSTIÇA NA REPUBLICA

Justiça Individual

A justiça na cidade surge da justiça na alma do indivíduo.

A pessoa deve ter a sua alma bem ordenada e cada parte deve assumir o seu papel em relação às outras.

Você expressou corretamente a visão de Platão sobre a relação entre a justiça na cidade e a justiça na alma individual em "A República".

De acordo com Platão, a justiça na cidade ideal é uma projeção da justiça na alma do indivíduo. Alguns pontos-chave relacionados a essa ideia incluem:

1. **Reflexo da Alma na Cidade:**

   - Platão argumenta que a cidade é um reflexo da alma humana. Assim como a alma é composta por partes (razão, espírito e desejo), a cidade também é estruturada em classes que desempenham funções específicas.

2. **Harmonia e Ordem na Alma:**

   - A justiça individual surge quando há harmonia e ordem na alma. Cada parte da alma deve desempenhar sua função apropriada, com a razão governando sobre os impulsos e desejos.

3. **Função de Cada Parte da Alma:**

   - Cada parte da alma tem uma função específica: a razão busca a verdade, o espírito busca a coragem e a determinação, e o desejo lida com apetites e impulsos. Quando cada parte desempenha seu papel corretamente, a alma está bem ordenada.

4. **Correspondência com as Classes Sociais:**

   - Cada parte da alma individual tem sua contrapartida nas classes sociais da cidade. A razão corresponde aos filósofos-reis, o espírito aos guerreiros e o desejo aos produtores.

5. **Justiça na Cidade como Reflexo da Justiça Individual:**

   - A justiça na cidade ocorre quando cada classe desempenha sua função apropriada, assim como a justiça na alma individual ocorre quando cada parte desempenha seu papel. A cidade reflete, portanto, a harmonia interna do indivíduo.

A ideia fundamental é que a ordem e a justiça na sociedade são alcançadas quando os indivíduos cultivam a ordem e a justiça em suas próprias almas. Platão acreditava que o equilíbrio interno e a virtude individual eram essenciais para a criação de uma sociedade justa e harmoniosa. Essa concepção influenciou profundamente a tradição filosófica e ética ao longo dos séculos.

Justiça Coletiva

A cidade ideal é aquela em que a justiça está presente em todas as classes sociais.

Cada um deve fazer parte de uma classe social de acordo com as suas capacidades e virtudes.

Exatamente, na visão de Platão em "A República", a justiça coletiva está presente quando a cidade ideal é estruturada de acordo com princípios que refletem a ordem e harmonia presentes na alma individual.

Alguns pontos-chave relacionados à justiça coletiva na cidade ideal de Platão incluem:

1. **Função Específica de Cada Classe:**

   - Cada classe social na cidade ideal tem uma função específica, e a justiça é alcançada quando cada classe desempenha seu papel apropriado. Os filósofos-reis governam com sabedoria, os guerreiros protegem a cidade, e os produtores fornecem bens e serviços necessários.

2. **Princípio da Especialização:**

   - Platão advoga a ideia de que a justiça na cidade deriva da especialização e da divisão de trabalho. Cada pessoa deve exercer a função para a qual é mais adequada, de acordo com suas habilidades e capacidades.

3. **A Tripartição da Alma na Cidade:**

- Assim como a alma individual é tripartida em razão, espírito e desejo, a cidade é organizada em três classes correspondentes: governantes-filósofos, guerreiros-guardiões e produtores-trabalhadores.

4. **Harmonia e Ordem:**

- A justiça coletiva é caracterizada pela harmonia e ordem entre as classes sociais. Quando cada classe cumpre sua função apropriada e não busca usurpar as funções das outras, a cidade é justa.

5. **Eliminação de Desigualdades Extremas:**

- Platão defende que, para garantir a justiça, não deve haver desigualdades extremas entre as classes. Assegurar uma distribuição justa de recursos e oportunidades contribui para a estabilidade e harmonia social.

6. **A Importância da Educação:**

- A educação é vista como um meio fundamental para formar cidadãos virtuosos em todas as classes sociais. Os líderes, em particular, devem passar por uma educação filosófica rigorosa para governar com sabedoria.

7. **Busca do Bem Comum:**

- A justiça coletiva é alcançada quando a cidade orienta seus esforços para o bem comum, buscando o benefício de toda a comunidade em vez dos interesses individuais de determinadas classes.

A visão de Platão sobre a justiça coletiva é profundamente influenciada por sua crença na interconexão entre a ordem na alma individual e a ordem na sociedade. Quando a cidade reflete a harmonia e a virtude presentes na alma, ela atinge um estado de justiça coletiva.

DEMOCRACIA ORIGEM E FUNCIONAMENTO

Origem da Democracia

A democracia teve a sua origem na Grécia Antiga, na cidade de Atenas, no século V a.C.

Nessa época era considerada uma forma alternativa e mais justa de governo em relação às monarquias e tiranias.

Sim, você está correto. A democracia teve sua origem na Grécia Antiga, especificamente na cidade de Atenas, durante o século V a.C.

Este período é conhecido como a "Era de Ouro" de Atenas, e a democracia ateniense é frequentemente considerada a primeira forma de democracia na história.

Alguns pontos-chave sobre a origem da democracia em Atenas incluem:

1. **Cidadania Ativa:**

   - Em Atenas, a democracia envolvia a participação ativa dos cidadãos na tomada de decisões políticas. Homens livres nascidos em Atenas e que não eram escravizados podiam se tornar cidadãos com direito a voto e participação na Assembleia.

2. **Assembleia dos Cidadãos:**

   - A principal instituição democrática em Atenas era a Ekklesía, ou Assembleia dos Cidadãos. Eles se reuniam regularmente para debater e votar sobre questões políticas, incluindo leis, políticas externas e decisões orçamentárias.

3. **Júris Populares:**

   - A democracia ateniense também envolvia a seleção aleatória de cidadãos para servir em júris populares, participando ativamente no sistema judicial.

4. **Ostracismo:**

   - Os atenienses tinham um procedimento chamado ostracismo, no qual os cidadãos poderiam votar para banir um líder por dez anos, caso percebessem uma ameaça à democracia.

5. **Limitações da Democracia Ateniense:**

   - É importante notar que, apesar do pioneirismo da democracia ateniense, ela tinha limitações significativas. A participação era restrita a uma porção relativamente pequena da população (homens livres nascidos em Atenas, excluindo mulheres, estrangeiros e escravos).

A democracia em Atenas foi uma mudança significativa em relação às formas de governo anteriores, como monarquias e tiranias, porque enfatizava a participação direta dos cidadãos nas decisões políticas.

Essa experiência ateniense influenciou concepções posteriores de democracia e continua a ser estudada como um marco importante na história política.

Funcionamento da Democracia

A democracia consiste num regime político em que o poder é exercido pelo povo, ou seja, é uma forma de governo onde as decisões são tomadas pela maioria dos cidadãos.

Embora a ideia de democracia em Atenas seja muitas vezes associada à participação direta dos cidadãos na tomada de decisões, Platão, em "A República", expressou algumas críticas e preocupações em relação ao funcionamento da democracia. Ele ofereceu uma visão crítica sobre a democracia ateniense, questionando sua eficácia e estabilidade.

Alguns pontos importantes incluem:

1. **Demagogia:**
   - Platão estava preocupado com a possibilidade de os líderes demagógicos manipularem as massas para alcançar seus próprios objetivos, explorando as emoções e os preconceitos do povo em vez de buscar a verdade ou o bem comum.

2. **Falta de Especialização:**

- Para Platão, a democracia não assegurava que os líderes fossem os mais qualificados. Ele argumentava que o sistema democrático não reconhecia a especialização e a expertise necessárias para governar eficientemente.

3. **Instabilidade Política:**

- Platão via a democracia como suscetível à instabilidade e à mudança rápida de políticas, pois as decisões eram tomadas pela maioria, que poderia ser influenciada por circunstâncias momentâneas.

4. **Preferência pela Igualdade em Detrimento da Excelência:**

- Platão acreditava que a democracia, ao buscar a igualdade política, muitas vezes sacrificava a busca pela excelência e pela virtude, já que as decisões eram influenciadas pela opinião da maioria, nem sempre a mais bem informada.

5. **Comparação com a Oligarquia:**

- Platão discutiu a tendência de uma democracia evoluir para uma oligarquia, onde o poder acabaria concentrado nas mãos de uma elite econômica. Ele via essa transição como uma falha no sistema democrático.

6. **Fragilidade da Maioria:**

- Platão estava ciente da fragilidade da maioria e da possibilidade de ela ser influenciada por líderes demagógicos, levando a decisões impulsivas e prejudiciais.

É importante ressaltar que Platão era crítico em relação à democracia direta, mas suas ideias influenciaram debates sobre formas de governo ao longo da história. Seu conceito de "filósofo-rei", um governante educado e sábio, reflete seu desejo por uma liderança mais qualificada e especializada. Platão buscava uma forma de governo que, em sua visão, promovesse a justiça e o bem comum de maneira mais eficaz.

154

CRÍTICAS DE PLATÃO
À DEMOCRACIA

A Ignorância

Platão criticava a democracia porque ela permitia que pessoas sem conhecimento adequado participassem do governo.

Para o filósofo, essa ignorância poderia levar a decisões políticas d Sim, você expressou corretamente a crítica de Platão à democracia em relação à ignorância.

Platão acreditava que a participação direta dos cidadãos na tomada de decisões políticas, sem um requisito de conhecimento especializado, poderia resultar em escolhas prejudiciais para a sociedade. Alguns pontos-chave sobre essa crítica incluem:

1. **Inadequação da Maioria para Tomar Decisões Complexas:**

   - Platão argumentava que questões políticas complexas e importantes exigem conhecimento especializado, algo que a maioria dos cidadãos não possuía. A decisão pela maioria, sem a devida expertise, poderia levar a políticas inadequadas.

2. **Manipulação por Líderes Demagógicos:**

   - Platão estava preocupado com a possibilidade de líderes demagógicos explorarem a falta de conhecimento do público para ganho pessoal. Esses líderes poderiam influenciar as massas com discursos emocionais, desviando a atenção de questões substanciais.

3. **Desvalorização da Sabedoria Filosófica:**

   - Platão valorizava a busca pela sabedoria filosófica e acreditava que os verdadeiros líderes deveriam ser educados nesse sentido. A democracia, em sua forma direta, não garantia que os governantes tivessem essa sabedoria.

4. **Decisões Impulsivas e Instáveis:**

   - A falta de conhecimento especializado poderia levar a decisões impulsivas e instáveis, baseadas em emoções momentâneas ou manipulações, em vez de uma análise ponderada das consequências.

5. **Comparação com a Metáfora da Navegação:**

   - Platão usava a metáfora da navegação, onde os cidadãos

seriam como tripulantes em uma embarcação. Ele argumentava que seria imprudente permitir que qualquer pessoa, sem treinamento adequado, assumisse o leme da nave.

Essa crítica de Platão à democracia direta estava em linha com sua visão mais ampla de uma sociedade governada por filósofos-reis, líderes educados na busca da verdade e do bem comum.

Embora suas ideias tenham sido criticadas ao longo do tempo, essa preocupação com a ignorância na tomada de decisões políticas influenciou discussões sobre a forma ideal de governo.esastrosas.

A Instabilidade

Outra crítica de Platão é que a democracia é instável, pois permite que diferentes grupos políticos e ideológicos lutem pelo poder. Isso poderia levar a conflitos e desestabilizar a cidade.

Sim, você está correto. A instabilidade política foi outra crítica significativa de Platão à democracia em "A República". Ele estava preocupado com o fato de a democracia permitir que diferentes grupos políticos e idcológicos lutassem pelo poder, o que poderia levar a conflitos e instabilidade na cidade.

Alguns pontos-chave relacionados a essa crítica incluem:

1. **Conflitos Entre Classes Sociais:**

   - Platão temia que a democracia permitisse a expressão irrestrita dos interesses de diferentes classes sociais. Isso poderia levar a conflitos entre ricos e pobres, com cada grupo buscando promover seus próprios interesses.

2. **Flutuações nas Políticas:**

- Platão argumentava que a democracia estava sujeita a mudanças frequentes nas políticas, já que diferentes grupos poderiam assumir o poder em momentos diferentes. Essas flutuações poderiam resultar em inconsistência e falta de continuidade nas políticas públicas.

3. **Demagogia e Manipulação:**

- A competição política na democracia, segundo Platão, poderia dar espaço à demagogia e à manipulação. Líderes demagógicos poderiam explorar as divisões na sociedade para obter poder, independentemente de suas qualificações ou do impacto de suas políticas.

4. **Fragilidade do Consenso:**

- Platão acreditava que a democracia era frágil porque dependia do consenso da maioria, que poderia ser volátil e suscetível a mudanças rápidas com base em emoções momentâneas.

5. **Comparação com a Oligarquia:**

- Platão via a instabilidade democrática como uma possível transição para uma forma de governo oligárquica, onde o poder acabaria nas mãos de uma elite econômica, levando a uma mudança radical na estrutura política.

Essa crítica à instabilidade na democracia ateniense reflete a preocupação de Platão com a necessidade de ordem e estabilidade política para alcançar a justiça e o bem comum. Suas ideias influenciaram a reflexão sobre as formas de governo ao longo dos séculos, levantando questões importantes sobre os desafios inerentes à democracia.

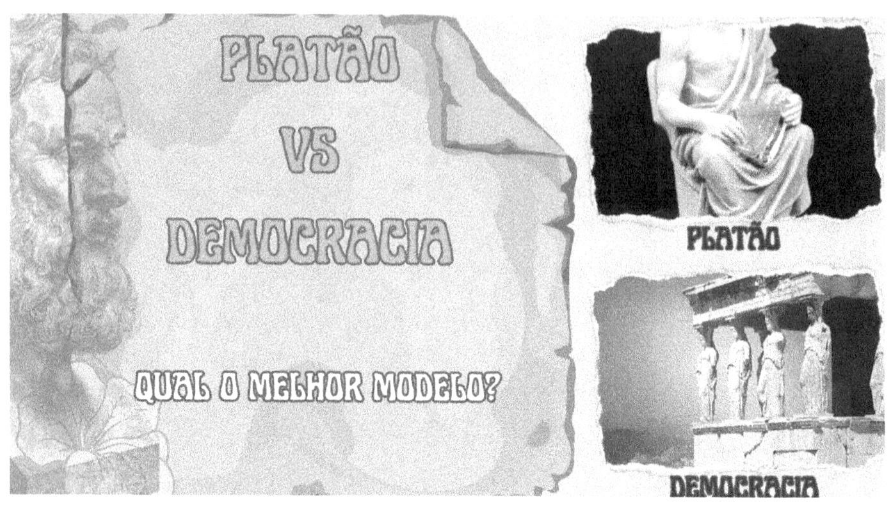

PLATÃO VS DEMOCRACIA - QUAL O MELHOR MODELO!

A relação entre Platão e a democracia é complexa e marcada por críticas severas. Em sua obra "A República", Platão apresenta uma série de preocupações e críticas à democracia ateniense de sua época. Aqui estão alguns dos principais pontos em que Platão contrasta com a democracia.

Vejamos:

1. **Ignorância na Tomada de Decisões:**

- Platão acreditava que a democracia permitia que pessoas sem conhecimento adequado participassem do governo. Ele argumentava que essa ignorância poderia levar a decisões políticas desastrosas.

2. **Instabilidade Política:**

   - Outra crítica de Platão à democracia era a sua visão de que ela era intrinsecamente instável. Ele argumentava que permitir que diferentes grupos lutassem pelo poder poderia levar a conflitos e desestabilizar a cidade.

3. **Demagogia e Manipulação:**

   - Platão estava preocupado com a possibilidade de líderes demagógicos explorarem as massas na democracia, manipulando emoções e desviando a atenção de questões substantivas em prol de seus próprios interesses.

4. **Falta de Especialização:**

   - Platão valorizava a especialização e a expertise na governança, o que ele acreditava ser negligenciado na democracia. Ele argumentava que líderes qualificados e educados filosoficamente eram necessários para guiar a sociedade.

5. **Comparação com a Oligarquia:**

   - Platão via a democracia como suscetível à transição para uma forma de governo oligárquica, onde o poder estaria nas mãos de uma elite econômica, resultando em uma mudança radical na estrutura política.

No entanto, é importante notar que a posição de Platão não significa uma rejeição completa da participação do povo na política.

Ele estava mais preocupado com a qualidade da liderança e a necessidade de uma ordem e sabedoria mais elevadas na governança.

As críticas de Platão à democracia têm sido objeto de debates e discussões ao longo dos séculos, e muitos teóricos políticos subsequentes desenvolveram abordagens mais positivas em relação à democracia, procurando equilibrar a participação popular com a necessidade de expertise e estabilidade.

Platão

Platão considerava que somente uma sociedade governada por filósofos poderia ser justa e ideal.

Democracia

Já a democracia valoriza a opinião de cada cidadão e considera que a diversidade é benéfica para a sociedade.

Ambas as visões possuem pontos fortes e fracos.

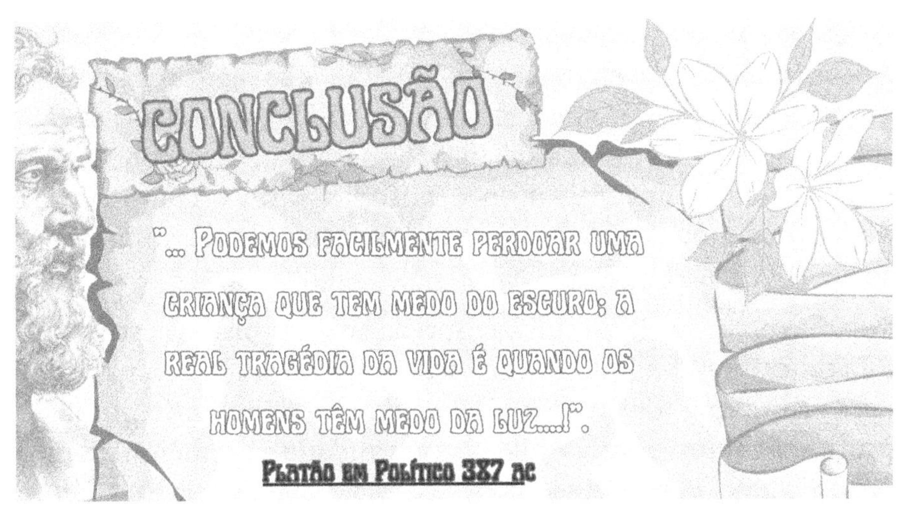

CONCLUSÃO – QUARTA PARTE

A República de Platão é uma obra complexa e rica em ideias que estimulam nosso pensamento crítico.

Debatendo sobre democracia, política, justiça e moralidade, Platão nos desafia a pensar em como construir uma sociedade verdadeiramente justa e ideal.

É uma obra que merece ser estudada e compreendida por todos.

O desafio lançado por Platão, de buscar uma sociedade verdadeiramente justa e ideal, continua a ressoar em debates contemporâneos sobre política, ética e filosofia. Sua obra serve como um convite à reflexão crítica sobre as estruturas sociais e políticas, estimulando-nos a considerar alternativas e a buscar uma compreensão mais profunda da natureza humana e da busca pela virtude.

Ao estudar "A República" de Platão, os leitores têm a oportunidade de se envolver em um diálogo intelectual que transcende as fronteiras do tempo, desafiando as concepções estabelecidas e incentivando a busca por uma compreensão mais aprofundada das complexidades da existência humana em sociedade.

Você expressou uma visão apreciativa e precisa sobre "A República" de Platão. De fato, essa obra é considerada uma das peças fundamentais da filosofia ocidental, abordando questões profundas sobre política, justiça, moralidade e o funcionamento da sociedade. Platão desafia os leitores a refletirem criticamente sobre as estruturas sociais e políticas, oferecendo uma visão utópica de como uma sociedade justa poderia ser organizada.

Ao apresentar diálogos entre Sócrates e outros personagens, Platão explora diversas ideias e conceitos, desde a tripartição da alma até a análise das formas de governo. A crítica à democracia e a proposta de uma liderança filosófica na forma dos "filósofos-reis" são temas centrais que geraram muitas interpretações e debates ao longo dos séculos.

Estudar e compreender "A República" não apenas oferece insights valiosos sobre o pensamento político antigo, mas também desafia os leitores a considerarem as questões filosóficas atemporais que continuam a ser relevantes na sociedade contemporânea. É uma obra que continua a inspirar estudiosos e pensadores em diversas áreas do conhecimento.

UMA PROPOSTA VERDADEIRAMENTE DEMOCRÁTICA PARA O BEM-ESTAR DO POVO

Nesta QUINTA PARTE e última de nosso artigo a respeito da PSEUDODEMOCRACIA, falaremos a respeito de uma nova mentalidade: "Uma Proposta Verdadeiramente Democrática para o Bem-Estar do Povo."

Nesta proposta, vamos analisar os princípios da democracia verdadeira e como ela pode promover o bem-estar do povo.

Também discutiremos como a transparência, a inclusão e a diversidade são essenciais para uma sociedade justa e igualitária.

Uma proposta verdadeiramente democrática para o bem-estar do povo deve buscar equilibrar a participação popular com princípios de justiça, igualdade e eficiência.

Aqui estão alguns elementos que poderiam compor uma abordagem democrática para promover o bem-estar:

1. **Participação Informada:**

   - Incentivar a participação ativa dos cidadãos, mas também garantir que essa participação seja informada. Educação cívica e acesso a informações são essenciais para permitir que as pessoas tomem decisões informadas.

2. **Transparência e Prestação de Contas:**

   - Estabelecer padrões elevados de transparência no governo e garantir que os representantes eleitos sejam responsáveis por suas ações. Mecanismos eficazes de prestação de contas ajudam a manter a integridade do sistema.

3. **Justiça Social e Econômica:**

   - Priorizar políticas que busquem reduzir desigualdades sociais e econômicas. Isso pode incluir programas de assistência social, acesso equitativo à educação e oportunidades econômicas para todos.

4. **Proteção dos Direitos Individuais:**

   - Garantir a proteção dos direitos individuais e liberdades civis é essencial para uma democracia saudável. Um sistema que respeita os direitos fundamentais dos cidadãos contribui para o bem-estar geral.

5. **Envolvimento da Sociedade Civil:**

- Fomentar o envolvimento ativo da sociedade civil, incluindo organizações não governamentais, grupos comunitários e movimentos sociais. Isso amplia a participação democrática além das eleições formais.

6. **Tomada de Decisões Deliberativa:**

- Incorporar elementos de tomada de decisões deliberativas, onde diferentes perspectivas são ouvidas e discutidas de maneira respeitosa. Essa abordagem pode levar a políticas mais equitativas e abrangentes.

7. **Sustentabilidade Ambiental:**

- Integrar preocupações ambientais e promover práticas sustentáveis. Uma abordagem verdadeiramente democrática deve levar em consideração não apenas as necessidades presentes, mas também as futuras gerações.

8. **Acesso Igualitário à Justiça:**

- Garantir que o acesso à justiça seja igualitário, independentemente de recursos financeiros. Isso contribui para a criação de uma sociedade justa e inclusiva.

9. **Incentivar a Inovação e a Participação Tecnológica:**

- Utilizar avanços tecnológicos para facilitar a participação cidadã, coleta de opiniões e fornecimento eficiente de serviços públicos.

10. **Flexibilidade e Adaptação:**

- Reconhecer a necessidade de flexibilidade e adaptação. Uma democracia eficaz deve ser capaz de responder às mudanças nas circunstâncias sociais, econômicas e tecnológicas.

Esses elementos podem contribuir para a construção de uma sociedade mais justa e para o bem-estar geral, integrando os princípios fundamentais da democracia com um compromisso genuíno com o interesse público.

O CONCEITO DE DEMOCRACIA VERDADEIRA

Definição e Princípios Fundamentais

A democracia verdadeira é um sistema político que defende a igualdade no poder e a participação popular em todas as tomadas de decisão.

Ela se baseia na liberdade, na igualdade e na fraternidade, garantindo os direitos humanos e a dignidade de todos os cidadãos.

A democracia verdadeira é um sistema político que se baseia na igualdade de poder e na participação ativa dos cidadãos em todas as decisões políticas.

Alguns princípios fundamentais associados à democracia

verdadeira incluem:

1. **Igualdade e Inclusão:**

   - Todos os cidadãos têm direitos iguais e oportunidades para participar no processo político, independentemente de sua origem, status social, étnico, religioso ou econômico.

2. **Participação Popular:**

   - A tomada de decisões é baseada na participação ativa dos cidadãos. Isso pode ocorrer por meio de eleições, plebiscitos, assembleias públicas e outros mecanismos que permitam a expressão direta da vontade popular.

3. **Respeito aos Direitos Individuais:**

   - A democracia verdadeira protege os direitos individuais e as liberdades civis, garantindo que as decisões coletivas não violem os direitos fundamentais dos cidadãos.

4. **Estado de Direito:**

   - A democracia verdadeira opera sob o princípio do estado de direito, onde as leis são aplicadas de maneira justa e imparcial, e todos, incluindo os líderes, estão sujeitos às mesmas normas legais.

5. **Transparência e Prestação de Contas:**

   - O governo é transparente em suas ações e decisões, e os representantes eleitos são responsáveis perante o público. Mecanismos eficazes de prestação de contas garantem que o poder seja exercido de maneira responsável.

6. **Pluralismo e Diversidade:**

   - A democracia verdadeira valoriza o pluralismo,

reconhecendo a diversidade de opiniões, perspectivas e identidades na sociedade. Isso se reflete na representação equitativa de diferentes grupos.

Participação Popular e Empoderamento Cívico

A democracia verdadeira também é caracterizada por uma ampla participação popular e pelo empoderamento cívico, o que significa que todos os cidadãos têm o direito e o dever de participar ativamente na vida política do país.

Absolutamente, você destacou um aspecto crucial. A participação popular e o empoderamento cívico são elementos fundamentais de uma democracia verdadeira.

Aqui estão alguns pontos-chave relacionados a esses conceitos:

1. **Acesso à Informação:**

   - Para uma participação efetiva, os cidadãos devem ter acesso fácil e transparente à informação. Isso inclui informações sobre políticas públicas, decisões governamentais e questões em debate.

2. **Educação Cívica:**

   - Promover a educação cívica é essencial para capacitar os cidadãos a compreenderem os processos políticos, os sistemas de governo e as questões que afetam a sociedade. A educação cívica fortalece a capacidade de tomada de decisões informadas.

3. **Mecanismos de Participação:**

- A democracia verdadeira oferece diversos mecanismos para a participação dos cidadãos, incluindo eleições, referendos, audiências públicas, petições e consultas populares. Isso permite que as pessoas expressem suas opiniões e influenciem as decisões políticas.

4. **Engajamento Comunitário:**

- O empoderamento cívico é promovido por meio do engajamento ativo nas comunidades locais. Isso inclui participação em organizações da sociedade civil, grupos comunitários, e outras iniciativas que buscam melhorar o bem-estar da comunidade.

5. **Participação Online:**

- A tecnologia moderna oferece oportunidades para a participação online, permitindo que os cidadãos contribuam para debates e tomadas de decisões, independentemente da localização geográfica.

6. **Diversidade de Perspectivas:**

- A participação popular verdadeira valoriza a diversidade de perspectivas. Isso implica garantir que grupos marginalizados e minorias tenham oportunidades iguais de participação e que suas vozes sejam ouvidas.

7. **Ação Política Direta:**

- Além de votar em representantes, a democracia verdadeira incentiva a ação política direta, onde os cidadãos podem propor, votar e influenciar diretamente as políticas.

8. **Proteção contra Discriminação:**

- Garantir que todos os cidadãos, independentemente de sua origem, gênero, raça ou religião, tenham oportunidades iguais de participação, contribui para um sistema político verdadeiramente inclusivo.

9. **Responsabilidade Cívica:**

- O empoderamento cívico inclui o entendimento da responsabilidade individual na construção de uma sociedade justa. Os cidadãos são incentivados a participar não apenas para buscar benefícios pessoais, mas também para contribuir para o bem comum.

10. **Feedback e Avaliação:**

- Mecanismos eficazes de feedback e avaliação permitem que os cidadãos avaliem o desempenho de seus representantes e do governo, incentivando a responsabilidade e a melhoria contínua.

Ao promover a participação popular e o empoderamento cívico, uma democracia verdadeira busca garantir que o poder seja exercido de maneira legítima e responsável, com benefícios significativos para toda a sociedade.

PROMOVENDO O BEM-ESTAR DO POVO

Acesso Igualitário Aos Serviços Básicos

Ao garantir

Equidade Social: Reduzir disparidades sociais e econômicas, proporcionando a todos os cidadãos oportunidades iguais para alcançar seu potencial.

Justiça Social: Garantir que todos os membros da sociedade tenham acesso aos recursos necessários para uma vida digna, promovendo, assim, a justiça e a igualdade.

Desenvolvimento Sustentável: Investir em serviços básicos contribui para o desenvolvimento sustentável, abordando as necessidades presentes sem comprometer a capacidade das gerações futuras de atender às suas próprias necessidades.

Participação Cidadã: Capacitar os cidadãos a participar ativamente na sociedade, proporcionando-lhes os meios para se educar, manter uma boa saúde e contribuir positivamente para a comunidade.

Estabilidade Social: Contribuir para a estabilidade social, reduzindo tensões e desigualdades que podem surgir quando certos grupos têm acesso preferencial a serviços básicos.

Inclusão: Garantir que grupos marginalizados ou vulneráveis tenham acesso igualitário, promovendo a inclusão e combatendo a discriminação.

Bem-Estar Geral: Melhorar o bem-estar geral da população, criando condições para uma vida saudável, segura e digna.

Cidadãos Informados: Ao fornecer serviços educacionais e de saúde, a sociedade contribui para ter cidadãos mais informados e capacitados para tomar decisões informadas.

Resiliência Comunitária: Fortalecer a resiliência da comunidade, garantindo que ela possa lidar melhor com desafios como pandemias, desastres naturais ou crises econômicas.

Promoção da Igualdade de Oportunidades: Garantir que todos os cidadãos tenham igualdade de oportunidades desde o início da vida, através de acesso igualitário à educação e serviços de saúde.

Em resumo, o acesso igualitário aos serviços básicos é um alicerce fundamental para uma sociedade democrática que busca proporcionar uma vida digna a todos os seus membros.

Esse princípio reflete o compromisso com a justiça social e a promoção do bem-estar geral.

Uma sociedade verdadeiramente democrática deve garantir que todos tenham **acesso igualitário aos serviços básicos, como saúde, educação, água, saneamento e transporte público.**

Isso é essencial para garantir um nível mínimo de qualidade de vida para todos os cidadãos.

Promoção da Saúde e Educação de Qualidade

Ao promover a saúde e a educação de qualidade, a democracia verdadeira está investindo no potencial humano do país. Isso significa que todos os cidadãos terão as ferramentas necessárias para alcançar seus objetivos e desfrutar de uma vida digna.

Promoção Da Saúde:

Prevenção de Doenças: Iniciativas de promoção da saúde visam prevenir doenças por meio de educação, conscientização e práticas saudáveis, reduzindo a carga nos sistemas de saúde.

Acesso Universal: Uma sociedade democrática busca garantir acesso universal a cuidados de saúde, assegurando que todos os cidadãos possam receber tratamento adequado, independentemente de sua condição financeira.

Bem-Estar Mental: Além da saúde física, a promoção da saúde mental é uma prioridade. Campanhas de conscientização e serviços de saúde mental ajudam a combater o estigma e fornecem apoio necessário.

Estilo de Vida Saudável: Educar a população sobre hábitos de vida saudáveis, como alimentação equilibrada e atividade física regular, contribui para uma população mais saudável.

Combate a Desigualdades em Saúde: A promoção da saúde também visa reduzir as disparidades em saúde, abordando fatores sociais e econômicos que podem impactar o acesso a serviços de saúde.

Educação De Qualidade:

Igualdade de Oportunidades: Uma educação de qualidade proporciona igualdade de oportunidades, independentemente da origem socioeconômica, promovendo a mobilidade social.

Desenvolvimento de Habilidades:

Cidadãos Informados: Escolas são espaços para cultivar cidadãos informados e críticos. Educação cívica e treinamento em habilidades de pensamento crítico são componentes essenciais.

Inclusão e Diversidade: Uma educação de qualidade promove a inclusão, reconhecendo e respeitando a diversidade de culturas, origens e habilidades.

Pesquisa e Inovação: Investir em pesquisa e inovação educacional melhora continuamente as práticas pedagógicas, mantendo o sistema educacional relevante para as demandas em constante mudança.

Acesso Universal: Garantir o acesso universal à educação é crucial. Isso inclui acesso a escolas de qualidade, materiais educativos e oportunidades extracurriculares.

Desenvolvimento Sustentável: Educação de qualidade é um veículo para promover o desenvolvimento sustentável, ensinando sobre questões ambientais, sociais e econômicas.

Competências para o Século 21: Preparar os alunos com habilidades como pensamento crítico, colaboração e alfabetização digital, que são essenciais no mundo contemporâneo.

Autonomia e Empoderamento: Educação de qualidade capacita os indivíduos, promovendo a autonomia, o empoderamento e a capacidade de contribuir para a sociedade.

Avaliação Justa: Um sistema educacional justo inclui avaliações que são equitativas e justas, permitindo que todos os alunos demonstrem seu potencial.

Incentivo À Igualdade Social E Econômica

A democracia verdadeira deve se esforçar para **reduzir as desigualdades sociais e econômicas**.

Isso significa garantir que todos tenham acesso a oportunidades iguais e que ninguém seja abandonado.

A igualdade social e econômica é um dos princípios fundamentais da democracia verdadeira.

O incentivo à igualdade social e econômica em um sistema democrático é essencial para garantir que todos os cidadãos tenham oportunidades equitativas e para promover uma sociedade justa e inclusiva.

Aqui estão algumas estratégias e políticas que podem ser implementadas:

Igualdade Social

1. **Legislação Antidiscriminatória:**

- Estabelecer e reforçar leis que proíbam a discriminação com base em raça, gênero, orientação sexual, religião e outras características, promovendo a igualdade de oportunidades.

2. **Educação para a Diversidade:**

- Integrar programas educacionais que promovam a compreensão, respeito e aceitação da diversidade desde a infância, criando uma cultura de inclusão.

3. **Acesso Universal a Serviços Básicos:**

- Garantir que todos os cidadãos tenham acesso igualitário a serviços básicos, como saúde, educação, habitação e transporte, independentemente de sua condição socioeconômica.

4. **Políticas de Habitação Inclusivas:**

- Desenvolver políticas habitacionais que combatam a segregação e promovam a construção de comunidades diversificadas.

5. **Justiça Criminal Equitativa:**

- Implementar reformas no sistema de justiça criminal para garantir tratamento equitativo, reduzindo disparidades entre diferentes grupos socioeconômicos.

Igualdade Econômica

1. **Redistribuição de Renda:**

- Estabelecer políticas fiscais progressivas que busquem uma redistribuição mais equitativa da renda, taxando de forma proporcional aos ganhos e proporcionando apoio a programas sociais.

2. **Acesso Equitativo ao Emprego:**

- Implementar medidas que promovam o acesso equitativo a oportunidades de emprego, como programas de diversidade e inclusão e a eliminação de práticas discriminatórias no mercado de trabalho.

3. **Educação e Treinamento Profissional:**

- Investir em programas de educação e treinamento profissional acessíveis a todos, garantindo que as pessoas tenham as habilidades necessárias para competir no mercado de trabalho.

4. **Empoderamento Econômico de Grupos Vulneráveis:**

- Desenvolver políticas específicas para promover o empoderamento econômico de grupos historicamente marginalizados, como mulheres, minorias étnicas e pessoas com deficiência.

5. **Transparência Corporativa:**

- Promover a transparência nas práticas empresariais para evitar a concentração excessiva de poder econômico e garantir que as empresas operem de maneira ética e responsável.

6. **Incentivos a Empresas Socialmente Responsáveis:**

- Oferecer incentivos fiscais ou outros benefícios a empresas que adotam práticas socialmente responsáveis e promovem a igualdade em suas operações.

7. **Políticas de Bem-Estar Social:**

- Implementar políticas de bem-estar social que ofereçam suporte a grupos vulneráveis e ajudem a garantir um padrão de vida digno para todos.

O incentivo à igualdade social e econômica em uma democracia requer uma abordagem abrangente, envolvendo políticas legislativas, educacionais e econômicas para criar um ambiente equitativo para todos os cidadãos.

Essas medidas não apenas promovem a justiça social, mas também contribuem para a estabilidade e a coesão social.

TRANSPARÊNCIA E ACCOUNTABILITY

Importância da Transparência na Gestão Pública

A transparência na gestão pública é essencial para garantir a integridade e a accountability dos governantes.

Isso significa que todos os processos de tomada de decisão devem ser abertos ao público e que todos os dados devem ser disponibilizados para análise e auditoria.

Certamente, a transparência na gestão pública desempenha um papel crucial para fortalecer a integridade, a responsabilidade (accountability) e a confiança na administração governamental.

Aqui estão alguns aspectos-chave relacionados à importância da transparência na gestão pública:

1. **Prevenção da Corrupção:**

   - A transparência dificulta práticas corruptas, uma vez que torna mais difícil para os agentes públicos envolvidos em atividades ilícitas agirem sem serem detectados.

2. **Responsabilidade e Prestação de Contas:**

   - A transparência permite que os cidadãos e outros órgãos de fiscalização acompanhem as ações do governo, promovendo assim a responsabilidade dos governantes perante a população.

3. **Participação Cidadã:**

   - Cidadãos bem informados têm a capacidade de participar ativamente no processo democrático, contribuindo para a formulação de políticas e tomando decisões mais informadas.

4. **Construção da Confiança:**

   - A divulgação aberta de informações governamentais contribui para a construção e manutenção da confiança da população nas instituições públicas, pois demonstra uma gestão transparente e responsável.

5. **Eficiência e Efetividade:**

   - A transparência pode levar a uma gestão mais eficiente, à medida que a divulgação de informações facilita a identificação de áreas de melhoria e promove a efetividade na alocação de recursos.

6. **Cumprimento das Leis e Normas:**

   - Governos transparentes são mais propensos a cumprir leis e regulamentos, uma vez que a divulgação aberta de informações facilita a identificação de qualquer não conformidade.

7. **Acesso à Informação:**

- A implementação de políticas que garantam o acesso à informação pública fortalece a transparência, permitindo que os cidadãos tenham acesso às informações relevantes sobre as atividades governamentais.

8. **Inovação e Desenvolvimento:**

- A transparência pode impulsionar a inovação ao permitir que diferentes partes interessadas tenham acesso a dados governamentais, incentivando a criação de soluções e serviços inovadores.

9. **Legitimidade e Estabilidade:**

- Governos transparentes são mais propensos a serem considerados legítimos pela população, contribuindo para a estabilidade política e social.

10. **Gerenciamento de Crises:**

- Em tempos de crise, a transparência na divulgação de informações é crucial para a gestão efetiva da crise, ajudando a coordenar respostas e manter a confiança pública.

A transparência, portanto, não é apenas um princípio ético, mas também uma prática que fortalece os fundamentos da democracia e contribui para uma governança mais eficiente e responsável. A implementação de mecanismos efetivos de transparência é uma prioridade em sistemas democráticos.

Combate à Corrupção e Impunidade

O combate à corrupção e à impunidade é uma das principais responsabilidades da democracia verdadeira.

É garantir que os corruptos sejam identificados, julgados e punidos de acordo com a lei.

Sim, o combate à corrupção e à impunidade é crucial em uma democracia verdadeira. Aqui estão algumas razões pelas quais isso é fundamental:

1. **Preservação da Integridade Democrática:**

   - A corrupção pode minar os fundamentos da democracia ao comprometer a integridade das instituições e processos democráticos. O combate à corrupção é essencial para preservar a legitimidade e a confiança do público no sistema democrático.

2. **Igualdade de Oportunidades:**

   - A corrupção frequentemente resulta em uma distribuição desigual de recursos e oportunidades. Combater a corrupção é, portanto, fundamental para garantir a igualdade de oportunidades para todos os cidadãos, independentemente de sua posição social ou econômica.

3. **Responsabilidade e Prestação de Contas:**

   - O combate à corrupção promove a responsabilidade e a prestação de contas, assegurando que os governantes e instituições públicas sejam responsáveis por suas ações perante a população.

4. **Preservação dos Recursos Públicos:**

   - A corrupção frequentemente resulta na má utilização e desvio de recursos públicos. O combate a essa prática visa preservar os recursos que deveriam ser direcionados para o benefício da sociedade.

5. **Fortalecimento das Instituições Democráticas:**

   - O enfrentamento à corrupção é essencial para fortalecer as instituições democráticas, garantindo que elas operem de maneira transparente, eficiente e em conformidade com a lei.

6. **Confiança nas Instituições Públicas:**

   - A corrupção mina a confiança nas instituições públicas. Ao combater essa prática, as democracias verdadeiras buscam restaurar e manter a confiança do público nas instituições que servem a sociedade.

7. **Justiça Social e Econômica:**

   - A corrupção muitas vezes perpetua desigualdades sociais e econômicas. O combate à corrupção é, portanto, um meio de promover uma sociedade mais justa e equitativa.

8. **Atratividade para Investimentos:**

   - O ambiente de negócios em países democráticos é frequentemente beneficiado quando há um compromisso sério de combater a corrupção. Isso torna o país mais atraente para investidores, promovendo o crescimento econômico sustentável.

9. **Cidadania Ativa:**

   - O combate à corrupção incentiva a cidadania ativa, encorajando os cidadãos a participarem ativamente na governança e a exigirem responsabilidade de seus líderes.

10. **Cumprimento da Lei:**

- Ao combater a corrupção, as democracias reforçam a importância do cumprimento da lei e da igualdade perante a lei.

O sucesso no combate à corrupção e à impunidade requer uma abordagem abrangente que inclui medidas legislativas, institucionais e culturais. Esse esforço é fundamental para garantir a robustez e a eficácia das democracias verdadeiras.

Fortalecimento dos Mecanismos de Responsabilização

Os mecanismos de responsabilização, como a imprensa livre, os tribunais independentes e os órgãos reguladores, devem ser fortalecidos para garantir que os governantes sejam responsáveis pelos seus atos.

Isso inclui o controle social e a participação ativa dos cidadãos na vida política do país.

O fortalecimento dos mecanismos de responsabilização é fundamental para assegurar que os governantes sejam responsáveis por suas ações. Aqui estão alguns dos principais mecanismos e por que eles são essenciais:

1. **Imprensa Livre:**

- A imprensa livre desempenha um papel vital ao informar o público, investigar irregularidades e expor casos de corrupção. O fortalecimento da liberdade de imprensa é essencial para garantir uma sociedade bem informada e para responsabilizar os governantes.

2. **Tribunais Independentes:**

- Tribunais independentes são críticos para garantir que a justiça seja aplicada de maneira imparcial. Um judiciário independente pode investigar, julgar e punir casos de corrupção sem influência política indevida, fortalecendo a confiança na aplicação da lei.

3. **Órgãos Reguladores:**

- Órgãos reguladores independentes são necessários para supervisionar setores específicos, como finanças, comunicações, saúde, entre outros. Eles desempenham um papel crucial na prevenção de abusos e na aplicação de regras e regulamentos para garantir a integridade em diferentes setores.

4. **Auditorias e Prestação de Contas:**

- Mecanismos de auditoria e prestação de contas, incluindo auditorias governamentais e agências de responsabilização, são fundamentais para examinar o uso de recursos públicos, identificar irregularidades e garantir que os fundos sejam usados de maneira eficiente e legal.

5. **Leis Anticorrupção e Ética:**

- Fortalecer e fazer cumprir leis anticorrupção robustas é essencial. Além disso, a criação e aplicação de códigos de ética para governantes e funcionários públicos ajudam a estabelecer padrões elevados de comportamento.

6. **Participação Cidadã:**

- Incentivar a participação ativa dos cidadãos na governança, por meio de consultas públicas, fóruns comunitários e outros meios, cria um ambiente em que os governantes são mais responsáveis perante a população.

7. **Proteção a Denunciantes (Whistleblowers):**

- Criar legislação que proteja denunciantes que expõem práticas corruptas é crucial para encorajar a revelação de informações importantes. Isso contribui para o fortalecimento dos mecanismos de responsabilização.

8. **Cooperação Internacional:**

- A cooperação entre países para investigar e punir casos de corrupção transfronteiriça é importante. Acordos internacionais e cooperação entre órgãos de aplicação da lei ajudam a enfrentar a corrupção em escala global.

9. **Educação e Conscientização:**

- Promover a educação sobre ética e responsabilidade desde a base, nas escolas, ajuda a criar uma cultura que valoriza a responsabilidade e a integridade, influenciando futuras gerações.

O fortalecimento desses mecanismos cria um ambiente no qual a responsabilidade é promovida, a corrupção é combatida e os governantes são incentivados a agir de maneira ética e transparente.

INCLUSÃO E DIVERSIDADE

A inclusão e a diversidade são fundamentais para garantir a igualdade de oportunidades e o respeito às diferenças. A democracia verdadeira deve ser inclusiva, valorizando as diferenças e promovendo a igualdade.

Promoção do Respeito e Valorização das Diferenças

A democracia verdadeira deve promover o respeito e a valorização das diferenças, seja de gênero, raça, etnia, religião, orientação sexual ou identidade de gênero.

Todos devem ter o direito de ser quem são, sem medo de repressão ou discriminação.

Sim, a promoção do respeito e valorização das diferenças é um princípio central em uma democracia verdadeira e inclusiva.

Isso envolve garantir a igualdade de direitos e oportunidades para todos, independentemente de características como gênero, raça, etnia, religião, orientação sexual ou identidade de gênero. Algumas maneiras de promover esse respeito incluem:

Legislação Antidiscriminatória:

Implementar e reforçar leis que proíbam a discriminação com base em características como gênero, raça, etnia, religião, orientação sexual ou identidade de gênero.

Educação Inclusiva:

Desenvolver programas educacionais que promovam a compreensão e aceitação das diferenças desde a infância. Incluir na educação temas relacionados à diversidade e respeito.

Representatividade:

Buscar garantir uma representação diversificada em todos os setores da sociedade, incluindo a política, o ambiente de trabalho e os meios de comunicação.

Promoção da Igualdade de Gênero:

Implementar políticas que visem à igualdade de gênero, promovendo a igualdade de oportunidades e combatendo o sexismo e a discriminação de gênero.

Ações Afirmativas:

Considerar a implementação de ações afirmativas para grupos historicamente marginalizados, visando corrigir desigualdades históricas.

Diálogo Intercultural:

Fomentar o diálogo e a compreensão entre diferentes grupos culturais, étnicos e religiosos. Incentivar a troca de experiências e a celebração das diversas tradições culturais.

Políticas de Inclusão:

Desenvolver políticas que promovam a inclusão social e econômica, buscando reduzir disparidades socioeconômicas.

Sensibilização e Campanhas de Conscientização:

Realizar campanhas de conscientização pública para destacar a importância do respeito às diferenças e combater estereótipos prejudiciais.

Treinamento em Diversidade:

Oferecer treinamento em diversidade para profissionais e líderes, visando promover ambientes de trabalho e comunidades mais inclusivos.

Proteção dos Direitos LGBTQ+:

Garantir proteção legal e igualdade de direitos para a comunidade LGBTQ+, combatendo a discriminação com base na orientação sexual e identidade de gênero.

Acessibilidade e Inclusão:

Garantir que todos os cidadãos, independentemente de suas características, tenham acesso igualitário a serviços, oportunidades e participação na vida pública.

Ao adotar essas práticas, uma democracia verdadeira pode criar um ambiente em que a diversidade é valorizada, as diferenças são respeitadas e todos os cidadãos têm a oportunidade de contribuir plenamente para a sociedade.

Igualdade de Oportunidades para Todos os Cidadãos

A democracia verdadeira deve garantir a igualdade de oportunidades para todos os cidadãos.

Isso significa que todos devem ter as mesmas chances de alcançar seus objetivos, independente de suas origens, condições de vida ou outros fatores externos.

Sim, a garantia da igualdade de oportunidades para todos os cidadãos é um princípio fundamental em uma democracia verdadeira. Isso implica na criação de um ambiente em que todos os membros da sociedade tenham acesso equitativo a recursos, serviços e oportunidades, independentemente de suas características individuais.

Algumas estratégias para promover a igualdade de oportunidades incluem:

Educação Inclusiva:

Desenvolver sistemas educacionais que ofereçam oportunidades iguais de aprendizado, independentemente de origem socioeconômica, raça, etnia ou outras características.

Políticas de Emprego Equitativas:

Implementar políticas que promovam a igualdade de oportunidades no mercado de trabalho, eliminando práticas discriminatórias e promovendo a diversidade.

Acesso à Saúde:

Garantir acesso universal a serviços de saúde de qualidade, independentemente do status socioeconômico, local de residência ou outras variáveis.

Políticas de Inclusão Social:

Desenvolver políticas que abordem disparidades socioeconômicas e promovam a inclusão social, garantindo que todos os cidadãos tenham acesso a oportunidades econômicas e sociais.

Acesso à Justiça:

Assegurar que o sistema judicial seja acessível a todos os cidadãos, independentemente de sua condição financeira, e que a justiça seja aplicada de maneira equitativa.

Proteção dos Direitos Civis:

Garantir que os direitos civis de todos os cidadãos sejam protegidos e que não haja discriminação com base em raça, gênero, religião, orientação sexual, identidade de gênero ou outras características.

Ações Afirmativas:

Considerar a implementação de ações afirmativas para grupos historicamente marginalizados, com o objetivo de corrigir desigualdades históricas e promover a inclusão.

Acesso a Recursos:

Facilitar o acesso equitativo a recursos como crédito, moradia e oportunidades de negócios para todos os membros da sociedade.

Treinamento em Diversidade:

Oferecer treinamento em diversidade para profissionais e líderes, visando criar ambientes de trabalho e comunidades mais inclusivos.

Apoio a Grupos Vulneráveis:

Implementar políticas que forneçam apoio específico a grupos vulneráveis, garantindo que eles tenham acesso a oportunidades e recursos necessários para prosperar.

Incentivo à Participação Cidadã:

Incentivar e facilitar a participação ativa de todos os cidadãos na vida política e comunitária, garantindo que suas vozes sejam ouvidas e consideradas.

Ao priorizar a igualdade de oportunidades, uma democracia verdadeira busca criar uma sociedade onde todos os indivíduos possam alcançar seu pleno potencial, independentemente de suas circunstâncias iniciais ou características pessoais.

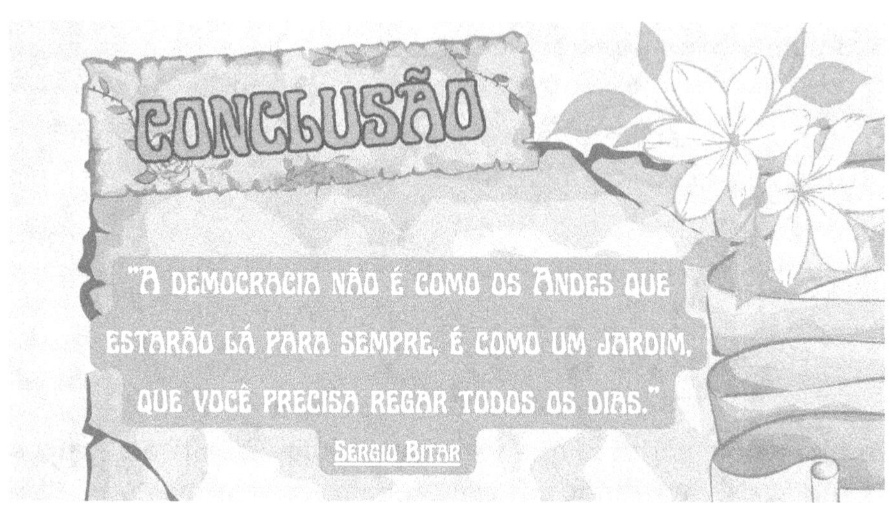

CONCLUSÃO – QUINTA PARTE

Participação Popular

A participação popular é um dos princípios fundamentais da democracia verdadeira.

Isso significa que todos os cidadãos têm o direito e o dever de participar ativamente na vida política do país.

Isso inclui a participação em processos de tomada de decisão, a organização em grupos de interesse e a mobilização social.

Sim, a participação popular é de fato um princípio crucial da democracia verdadeira.

Envolve o direito e a responsabilidade dos cidadãos de se envolverem ativamente nos processos políticos e na tomada de decisões que afetam a sociedade como um todo.

Alguns elementos-chave da participação popular incluem:

Tomada de Decisão Democrática:

Os cidadãos têm o direito de participar na escolha de seus representantes, seja por meio de eleições diretas ou indiretas. Além disso, a participação popular pode se estender a processos de tomada de decisão em nível local, regional e nacional.

Acesso à Informação:

A participação efetiva requer acesso à informação transparente e compreensível sobre questões políticas, políticas públicas e ações do governo.

Organização em Grupos de Interesse:

Os cidadãos têm o direito de se organizar em grupos de interesse para expressar suas opiniões, defender causas específicas e influenciar políticas.

Mobilização Social:

A mobilização social é uma forma poderosa de participação popular, onde os cidadãos se reúnem para expressar suas opiniões, protestar contra políticas consideradas injustas ou demandar mudanças.

Consulta Pública:

A realização de consultas públicas em decisões importantes permite que os cidadãos expressem suas opiniões, ofereçam sugestões e influenciem o curso de eventos.

Inclusão de Grupos Marginalizados:

A participação popular verdadeira implica a inclusão ativa de grupos historicamente marginalizados, garantindo que suas vozes sejam ouvidas e respeitadas.

Educação Cívica:

Promover a educação cívica é essencial para capacitar os cidadãos a entenderem os processos políticos, a importância de sua participação e os impactos de suas escolhas.

Acesso a Mecanismos Legais:

Oferecer mecanismos legais que permitam aos cidadãos desafiar decisões governamentais, caso acreditem que violam os princípios democráticos.

Promoção da Transparência:

Garantir a transparência nas ações do governo e nos processos políticos é crucial para uma participação efetiva, pois os cidadãos precisam entender como suas decisões afetam a sociedade.

A participação popular não apenas fortalece a democracia, mas também contribui para a criação de políticas mais representativas e sensíveis às necessidades e desejos da população.

BIBLIOGRAFIA E FONTES:

1.	Ahlstrom, D., & Bruton, G. D. (2016). International management: Strategy and culture in the emerging world. Cengage Learning.

2.	Curso de Consultoria – IEA	- Diagnóstico e Resolução de Problemas – Professor Claudio Loureiro

3.	Descartes, R. (1637). Discurso sobre o método.

4.	Equipe GRIFO, Metodologia de análise e solução de problemas. São Paulo: Thomsom Pioneira, 1997.

5.	Grant, R. M. (2019). Contemporary strategy analysis: Text and cases edition. John Wiley & Sons.

6.	Hanenberg, P. (2010). Descartes's Epistemology. Stanford Encyclopedia of Philosophy.

7.	Kaplan, Robert & Norton, David, "Mapas Estratégicos", São Paulo, Cultura, 1a. edição, 2004.

8.	Kneeland, S. Solucionando problemas (Série Essencial).

São Paulo: Market Books, 2003.

9.	Marion, J. L. (2013). Descartes's Account of Clear and Distinct Perception. Philosophy and Phenomenological Research, 68(1), 111-148.

10.	Michel E. Porter, "What is Strategy?" Harvard Business Review, Nov-Dez 1996

11.	Nogueira, João Lúcio Soutto Mayor, Manual de Diagnóstico Empresarial. Manuais CNI, Confederação Nacional da Indústria

12.	Oliveira, Djalma de Pinho Rebouças de. Manual de Consultoria Empresarial. São Paulo: Ed. Atlas, 4ª. Ed. 2003

13.	Pickering, Peg, Como Administrar Conflitos, São Paulo, Amadio, 1a. edição, 2002.

14.	Porter, M. E. (2008). Competitive strategy: Techniques for analyzing industries and competitors. Simon and Schuster.

15.	Rasiel & Friga, The Mckinsey Mind, Nova York, McGraw Hill, 2001

16.	Slack, N., Brandon-Jones, A., & Johnston, R. (2020). Operations management. Pearson Educativo.

17.	Wilson, M. (2017). Descartes, the Cartesian Circle, and Epistemology without God. Philosophical Topics, 45(2), 183-200.

18. JUNIOR, José Paulo. *Crimes federais*. Porto Alegre: Livraria do Advogado, 2009.

19 . PRADO, Luiz Regis. *Direito Penal Econômico*. São Paulo: Revista dos Tribunais, 2009; BALTAZAR

20 . SILVA-SANCHEZ, Jesús Maria. *A expansão do Direito Penal*. São Paulo: Revista dos Tribunais, 2002.

Fontes:

https://nova-acropole.org.br/blog/a-republica-platao/

https://www.pensador.com/frases_democracia_liberdade/

https://www.conjur.com.br/2023-fev-04/reis-friede-democracias-liquidas-ou-meramente-formalizantes/

IA GBT Gama - https://gamma.app/#inspiration

---

[1] Reis Friede é desembargador Federal, presidente do Tribunal Regional Federal da 2ª Região (biênio 2019/21), mestre e doutor em Direito e professor adjunto da Universidade Federal do Estado do Rio de Janeiro (UniRio).

[2] O que são bots nas redes sociais? De um modo geral, os bots de redes sociais são programas automatizados usados para se envolver em redes sociais. Esses bots se comportam de maneira parcial ou totalmente autônoma e costumam ser projetados para imitar usuários humanos.

[3] Accountability é um conjunto de mecanismos que permitem que os gestores de uma organização prestem contas e sejam responsabilizados.

ABOUT THE AUTHOR

Sidney Lourenço De Souza

 Nasceu em 24 de dezembro, Natural do Rio de Janeiro, Brasil.

Escritor; Palestrante; Perito Judicial TJSC - Tribunal de Justiça de Santa Catarina; Consultor em Gestão Empresarial Administrativo e Financeiro; Mediador de Conflitos Familiar e Empresarial; Contabilista; Consultor Produce Agro; Analista Business Valuation; Analista Direito Tributário, Penal, Econômico; Consultor Educacional Wiser Sales.

CEO Gesshopi, CEO da GESNEGÓCIOS - GESTÃO DE NEGÓCIOS EMPRESARIAS e suas subsidiárias GESFINAN, GESCONTÁBIL, GESLIVRO, GUIA TOTAL BRASIL, GUIA TOTAL FLORIPA.

Afiliado as Redes: Rede Essent Jus - Contabilidade Eleitoral; A rede global de marketing AWIN; A rede mundial Zucchetti C4 Grupp Tecnologia; A rede nacional do Banco BARI Financiamento Empresarial.

E atuou por mais de 20 anos na área da Construção: Zeta Construção, Zeta Engenharia, Prisma Construção.

Direito Tributário, Penal, Econômico pela Fundação Getulio

Vargas - Curso Autoinstrucional; Auditoria Financeira - TCE/SC - Tribunal de Contas do Estado de Santa Catarina;Liderança, K.L.A. EDUCAÇÃO EMPRESARIAL Consultoria, IEA - Instituto de Estudos Avançados, Florianópolis - SC; Contabilista, Cetecon, Nilópolis - RJ; Mediação e Arbitragem: Resolução de Conflitos, ICPG - Instituto Catarinense de Pós-graduação ASSELVI, Blumenau - SC; Mediação Familiar, UNISUL, Palhoça - SC; Gestão de Empresa Contábil Moderna, IEA - Instituto de Estudos Avançados, Brasília - DF; Chefia de Pessoal, IOB, SÃO PAULO - SP; Educação formal e Informal, UNISUL - SC; XVI - Conferencia Estadual dos Advogados de Santa Catarina, OAB - SC; 8º Congresso Catarinense de Direito das Famílias, VOXLEGEM, Florianópolis - SC, 4º Congresso de Direito Eleitoral, Educando em Direito e Psicologia, UNISUL - SC;

Atividades Extras Coopere

Palestrante; Escritor; Seminarista; Coordenador; Gestor; Diretor: Coordenou grupo de Estudo da Mediunidade, do Livro dos Espíritos, do ESDE, realiza diversos Seminários, Cursos nas áreas da Infância e Juventude, Mediunidade, Família, Atendimento Fraterno, Passe, ESDE, Capacitação de Pessoas.

Realizou Curso Gestão Administrativa e Financeira no Estado de Santa Catarina, Realizou mais de 10.500 palestras e Seminários, Workshops no Rio de Janeiro - RJ, Santa Catarina SC, Rio Grande do Sul - RS, Uberaba - MG, Paraná - PR.

Foi Presidente, Vice-presidente e Tesoureiro do Centro Espírita Amor e Humildade do Apóstolo; Foi Presidente do Conselho Fiscal da SEOVE – Sociedade Espírita Obreiros da Vida Eterna e já presidiu o Conselho Deliberativo.

Desenvolveu Atividade em Brasília - DF, junto ao CEI - Conselho Espírita Internacional como Consultor área de Gestão Administrativa e e Financeira.

Desenvolveu Atividades junto Federação Espírita Catarinense – FEC, tais como: Diretor do Departamento de Infância e Juventude; Diretor do Departamento Doutrinário; Foi um dos organizadores e coordenador e do 4º Congresso Espírita Catarinense na Cidade de Joinville; Foi Membro do Conselho Fiscal; Atuou na Coordenação da área da Mediunidade junto ao Vice-presidente de Mediunidade e Atendimento Espiritual da FEC.

BOOKS BY THIS AUTHOR

A Questão Dos Animais: Um Estudo Da Obra De Allan Kardec

Muito se tem falado e escrito a respeitos dos animais.
Teriam eles alma como dos homens? Possuem inteligência? Tem sentimentos como os homens? Tem consciência da sua existência? Na escala evolutiva no sentido espiritual serão no futuro as almas dos homens? Eles podem ver Deus? E nos mundos superiores são mais evoluídos que as Almas dos homens dos mundos inferiores? Estão sujeitos a lei de Causa e efeito? Quando fora do corpo são espíritos errantes? Podem entrar em comunicação pela mediunidade com os humanos? Há nas diversas espécies de animais uma sequência evolutiva? E quanto a fluido terapia (passe) devemos considerar como nos humanos? E por fim o processo evolutivo dos diversos reinos é linear ou paralelas?

Transfusão Fluidica: Fluidoterapia Fisiopsíquica

 o médium é um intermediário entre os Espíritos e o homem; ora, o magnetizador, haurindo em si mesmo a força de que se utiliza, não parece que seja intermediário de nenhuma potência estranha. "É um erro; a força magnética reside, sem dúvida, no homem, mas é aumentada pela ação dos Espíritos que ele chama em seu auxílio. Se magnetizas com o propósito de curar, por exemplo, e invocas um bom Espírito que se interessa por ti e pelo teu doente, ele aumenta a tua força e a tua vontade, dirige o teu fluido e lhe dá as qualidades necessárias. "

Allan Kardec, Livro dos Médiuns, Cap. XIV, item 176

A intervenção dos Espíritos na realização das tarefas do bem é mais do que notória e, é amplamente confirmada na literatura espírita. Numa tentativa de reunir algum apontamento concernente a este assunto, pode ter deixado de lado considerações importantes. Mais não é nosso intuito esgotar o assunto, tentamos tão somente colaborar com mais um despretensioso livro de estudo e análise da laboriosa e necessária prática espírita.

Reflexões Oportunas: Pensamentos Diante Da Vida

Estas páginas vai ajudar para reflexões para uma vida feliz e em Paz.
Contribuirá para mudança de pensamento diante dos embates da vida.
Colaborar para uma boa reflexão para humanidade, é de suma importância neste momento de menos valia diante da vida.

Boa leitura.

Paz e Bem

Inteligência Em Administração De Conflitos: Gestão De Conflitos

O modo como nos comunicamos em situações de conflito é essencial para que consigamos resolver as diferenças de forma satisfatória para todas as partes envolvidas. Existem cinco métodos principais de se comunicar em situações de conflito: COMPETIÇÃO, AFASTAMENTO, ACOMODAÇÃO, ACORDO e COLABORAÇÃO.

Cada um desses métodos tem características próprias e pode ser utilizado de acordo com o nosso objetivo na situação em questão.

Entendo que quando se trata de ADMINISTRAÇÃO DE CONFLITOS em uma estrutura organizacional com indivíduos com emoções complexas, por mais que se utilize de técnicas e instrumentos de interação e medição de comportamentos, com teorias as mais diversas possíveis, nunca poderemos prescindir de um outro ser humano que com empatia, ao se colocar no lugar do outro, possa perceber detalhes e inspirar sentimentos e afeto, que só é possível um ser humano produzir.

Por isso, o título de nossa obra INTELIGÊNCIA EM ADMINSTRAÇÃO DE CONFLITOS.

Inteligência humana: "Esta nunca será superada em uma relação interpessoal"